ÉTUDE HISTORIQUE

SUR CHOUILLY

ÉTUDE HISTORIQUE

SUR

CHOUILLY

PAR

M. ERNEST BARRÉ

CURÉ DE CHOUILLY, MEMBRE TITULAIRE DE LA SOCIÉTÉ ACADÉMIQUE
DE LA MARNE

> « C'est dans les villages........ qu'il faut aller fouiller, si l'on veut encore avoir quelque idée de ce que possédaient autrefois nos monuments religieux, de ce qu'étaient les habitations de nos pères. »
> ANNALES ARCHÉOLOGIQUES, vol. V, p. 190.

CHALONS-SUR-MARNE

IMPRIMERIE T. MARTIN, PLACE DU MARCHÉ-AU-BLÉ, 54

1866

La Société d'Agriculture, Commerce, Sciences et Arts du département de la Marne, dans sa séance publique du 23 août 1865, a décerné à l'auteur de cette étude historique une MÉDAILLE D'OR, avec cette mention : « REMARQUABLE MONOGRAPHIE. »

AVANT-PROPOS

Le plus humble village devrait avoir sa monographie.

Non pas qu'une telle œuvre abonde en faits dramatiques, en émouvants épisodes, aussi bien serait-ce illusion de l'espérer; mais nous aimons l'intimité de ses détails, ses allures toutes simples, cet air de famille qui attire d'abord et gagne les sympathies.

Quelle bonne fortune, quand le récit présente encore aux réflexions de l'érudit quelques-uns de ces antiques monuments de la vie des aïeux, débris trop rares échappés à l'action du temps, comme au marteau du démolisseur!

Chouilly m'a paru réunir ces éléments d'intérêt pour une étude historique.

Le lecteur appréciera ce qu'a dû me coûter de veilles et de recherches ce travail que j'offre en particulier aux habitants de ma paroisse.

J'ai pensé qu'il ne pourrait que leur être agréable de savoir l'origine de leur pays, les curiosités qui s'y rencontrent, les évènements qui l'ont illustré, sinon désolé, les épaves, peut-être, que le flot des révolutions a laissées sur ses rives.

Ce que les plus ingénieuses descriptions ne font pas toujours comprendre, un atlas de plans et de dessins le mettra sous les yeux.

Puissent ces faibles essais recevoir un accueil indulgent! Je n'ambitionne pas d'autre récompense.

4 Juillet 1865.

ÉTUDE HISTORIQUE

SUR CHOUILLY

CHAPITRE Ier

Topographie de Chouilly. — Son territoire. — Son aspect. — Coup-d'œil général.

Chouilly, village de 982 habitants, situé sous le 49° 1' 15" de latitude septentrionale et le 1° 41' 12" de longitude orientale, à 136 kilomètres est-nord de Paris, 30 kilomètres sud-ouest de Reims, 27 kilomètres est-nord-ouest de Châlons, appartient au département de la Marne, à l'arrondissement et au canton d'Epernay, ville dont il est distant de 5 kilomètres est-est-sud.

La route impériale N° 3, de Paris à Metz, le traverse et en forme la rue principale.

Le territoire de Chouilly, pentagone irrégulier d'une superficie totale de 1612 hectares 07 ares 90 centiares, mesure 6 kilomètres en longueur et une largeur moyenne qui excède 3 kilomètres. Il est borné au nord par celui d'Ay, au nord-est par celui de Mareuil-sur-Ay ; à l'est par celui d'Oiry ; au sud par celui de Cramant ; à l'ouest par ceux de Cuis et de Pierry ; à l'ouest-nord par celui d'Epernay.

Il se divise en deux parties bien distinctes.

La première, qui est la moindre en étendue, comprend une riante prairie arrosée au nord par la Marne, au midi par la Somme-Soude, qu'on appelle ici la rivière des Ternaux, Tarnaux ou Tarnauds.

La seconde, accidentée, et relativement très-élevée, n'est, à vrai dire, qu'une série de contreforts crayeux adossés aux monts Saran, Jogasse et Bernon, dont les sommités règnent du sud à l'ouest et se ramifient sur leurs pentes. Ces divers terrains, ainsi tourmentés par une succession de plis et de replis, ou si l'on veut, de vallons et de collines, s'abaissent graduellement vers le nord, jusqu'à ce qu'une brusque dépression de l'est à l'ouest les arrête tout court en face de la vallée, comme une falaise devant l'Océan. Une espèce de golfe, rompant le centre de cette ligne d'escarpements plus ou moins accentués, abrite la masse compacte des deux cent quatre-vingt-neuf habitations de Chouilly, tandis que l'église, ancienne chapelle féodale, gravement campée à l'est, sur la crête d'un élégant promontoire, jadis nommé « la coste Beert [1] », domine tout le pays, depuis que son château-fort ne le protège plus.

Ne quittons pas cet édifice, huit fois séculaire, sans donner un regard au curieux panorama qui se développe autour de nous.

On peut trouver ailleurs un horizon plus vaste, des profils plus hardis; mais dans un cadre aussi restreint, quel autre site ajouterait à la fraîcheur du paysage une plus admirable variété de souvenirs ?

A droite, des ombrages rustiques, de limpides eaux convoitées par Lutèce, de verdoyants pâturages, une voie ferrée et ses rapides chariots de feu qui dévorent l'espace.

Pour contraste, la marche grave et solennelle de

[1] Plans topographiques des propriétés seigneuriales de Chouilly, dressés en 1767.

la Marne, *Matrona*, cette grande dame promenant, avec une dignité un peu capricieuse, ses nobles ondes au pied des plus célèbres vignobles de la Champagne. Coteaux de Mareuil, Avenay, Ay, Dizy, Hautvillers, et vous, fiers émules, Epernay, Pierry, Cramant, Avize, quelle poésie ne vous a point chantés ? quel banquet n'a savouré vos produits ? quel étranger n'a ouï vanter la richesse de vos cépages ?

Des titres plus sérieux nous recommandent la plupart de ces localités.

Ainsi, Mareuil se rattache à notre histoire par ses voies d'origine gauloise, ses établissements romains, son château du moyen-âge, dont celui de Chouilly était, stratégiquement parlant, le satellite naturel, à cette époque de luttes intestines et d'interminables guerres.

Sur le haut du Mont-Aigu d'Avenay, une tradition dit que César [1] a campé. Plus de treize siècles

[1] « Ce César, remarque M. Pâris, ne dut pas être le premier, Jules, vainqueur des Gaulois, mais plutôt Piscennius-Niger, qui, la dixième année du règne de Commode, en 186, défit dans la Gaule un certain Motemus, compétiteur à l'empire, fut depuis proclamé à Antioche, et tué bientôt après, en fuyant devant l'armée de Septime-Sévère. »

devaient s'écouler avant qu'un nouvel envahisseur, Charles-Quint [1], s'y établît à son tour.

Le val d'Or ou la vallée d'Or ne nous montre pas seulement une gorge délicieuse qu'anime et féconde la Livre, il nous rappelle encore la pieuse légende de sainte Berthe, et la fondation, en 660, de son abbaye de Bénédictines, longtemps florissante, puis emportée, comme tant d'autres, par la tempête révolutionnaire.

Mutigny, *Mons ignis*, montagne du feu, signal romain : on dirait d'une aire d'aigle suspendue à 240 mètres au-dessus du niveau de la mer. Si près des cieux, l'Irlandais saint Trésain, raconte l'hagiographe, dédaignait souverainement la terre, et sans doute un peu la vigne, que ses indociles pourceaux se permirent un jour de ravager [2].

Ay, nom fameux, vins exquis, situation pitto-

[1] En 1544.

[2] Traduit pour ce fait devant saint Remy. qui se trouvait alors à Ville-en-Selve, le digne frère de saint Gibrien et de saint Vrain fut accueilli avec bonté par le charitable prélat, et, sur la recommandation de saint Génebaut, évêque de Laon, promu au sacerdoce, vers l'an 505. Préposé comme curé à la conduite de Mareuil, il administra cette paroisse jusqu'à sa mort, et fut inhumé à Avenay. dont il devint le patron titulaire.

resque, ceinture de pampres, couronne de chênes, bateaux à vapeur, bruyantes locomotives : est-ce trop de priviléges pour qui se nomme Ay? « Dans le xvi⁰ siècle, quatre illustres souverains, Léon X, François 1ᵉʳ, Charles-Quint et Henri VIII, oubliaient un moment leurs grandes querelles pour se partager fraternellement la récolte d'un enclos de vignes qu'ils avaient en commun à Ay[1]. » Cette ville[2] est la capitale du vin mousseux, comme Hautvillers, paraît-il, en fut le berceau.

Mais Hautvillers revendique une autre gloire.

Son abbaye royale de Saint-Pierre, ordre de Saint-Benoît, congrégation de Saint-Vannes, puis de Saint-Maur et de Saint-Hydulphe ou Syndulfe, bâtie vers la fin du vii⁰ siècle, par saint Nivard, a donné neuf archevêques au siége métropolitain de Reims, et vingt-deux abbés à plusieurs abbayes célèbres. Témoin de l'impénitence de l'hérésiarque Gotescalc et des derniers moments de l'historien

[1] *Compte-rendu de la Société d'Agriculture, Commerce, Sciences et Arts de la Marne.*—Séance du 30 septembre 1841.

[2] « ..... La ville d'Ay appuya Marchand; le roi nous appelle notre bonne ville d'Ay; c'est la bulle *Scabinos* qui a été donnée par nos premiers rois de France. » — Bertin du Rocheret, *Journal des Etats de Vitry*. 1744.

dom Ruinart, elle fut, en d'autres temps, honorée de la présence de Thibault, comte de Champagne ; Baudoin, comte de Flandre ; Jean, comte de Brienne ; Louis, comte de Blois ; Etienne, comte du Perche, qu'y attirèrent les reliques de l'impératrice sainte Hélène, mère du grand Constantin, apportées de Rome, dès l'an 840.

Plus proche, et pourtant moins visible, la commerçante cité d'Epernay, avec ses onze mille habitants, les hôtels princiers de son opulent faubourg de la Folie, ses fontaines jaillissantes, ses luxueux celliers, le riche dédale de ses galeries souterraines, s'efforce de réparer d'anciens désastres, en expédiant ses vins jusqu'aux extrémités du monde.

En face de nous, une montagne que l'on prendrait pour une forteresse, grâce au bouquet de sapins qui en couronne la cime, Bernon, autrefois Brenon [1], *enlève* vigoureusement sa noire silhouette sur l'horizon bleu.

---

[1] En 1450. — Ms. collationné par Bertin du Rocheret. — Brenon n'aurait-il pas été primitivement la demeure d'un *brenn* ou chef gaulois ? Nous serions tenté de le croire, à cause de sa proximité avec Saran.

Quel duel à mort que cette furibonde levée de boucliers des Huguenots contre les Catholiques, au XVIe siècle! Un chemin que nous voyons contourner les hauteurs vers le sud-ouest, puis disparaître entre deux garennes, évoque naturellement ce sinistre souvenir. C'est le chemin de Saint-Julien, malheureux village saccagé en décembre 1567, et enseveli sous ses ruines, pour ne s'en relever jamais. Non loin de là, Pierry[1] le remplace.

Des combats, de sanglantes représailles; difficile serait d'en supputer le nombre dans les seules limites du territoire de Chouilly. Sur l'éminence boisée où notre œil s'arrête, plusieurs centaines de squelettes étaient exhumés, en 1800, des fossés d'enceinte de la sapinière de Plume-Coq. Au Mont-Jogasse, semblables exhibitions, journellement répétées, témoignent qu'à l'époque gallo-franque c'était un poste militaire en permanence. Nous verrons que

---

[1] Pierry figure, il est vrai, dans une charte de Louis Ier, en 814, et dans plusieurs autres des XIe et XIIIe siècles; mais son importance réelle ne date que de la fin du XVIe siècle. Aujourd'hui même, cette florissante commune n'a point d'église; la chapelle qui lui en tient lieu a reçu, avec le vocable de Saint-Julien, le portail de son ancienne église romane.

la croix *du Tombeau* et celle *des Huguenots* ne sont pas d'oiseuses appellations. Les champs de la côte *Beert*, enfin, et ceux qui avoisinent l'entrée ouest du village, renferment les restes de maints guerriers moissonnés par le glaive.

Saran, dont la croupe hérissée de chênes se dresse majestueuse comme un lion du Sennaar, nous fournira tout-à-l'heure d'intéressants sujets d'étude, au point de vue géologique et historique. Si, contrairement à l'opinion de certains auteurs, les flancs de cette montagne ne recèlent aucun filon aurifère, ni même argentifère, qu'il leur suffise d'épanouir en plein soleil les produits hors ligne qui ont porté si loin la réputation de Cramant[1].

Antique séjour des druides, Saran, depuis quelques années, voit se prélasser sur un des étages de son versant nord-est le gracieux pavillon Rachel,

---

[1] « Le mont Saran, — nous écrivait, le 15 septembre 1863, l'une des illustrations de la botanique, M. le comte de Lambertye, — m'a paru devoir être classé au nombre des bonnes localités. Il renferme deux espèces fort intéressantes :

» 1° *Chrysanthemum corymbosum*. Lin. — Plante qui n'a été rencontrée que dans l'arrondissement d'Epernay.

» 2° *Lithospermum purpureo-cœruleum*. Lin. — Sur la lisière des bois du mont Saran. — De Lambertye. »

rehaussé de superbes vendangeoirs, et précédé d'un parc où trois pièces d'eau, alimentées par la fontaine de la Griffaine, tranchent agréablement sur l'émail du gazon et les brillants massifs de fleurs. C'est la maison de campagne de l'un de nos premiers négociants d'Epernay. Le nom de M. Moët-Romont sera toujours synonyme de bienfaisance unie à la plus haute distinction du caractère.

Nous avons esquissé à grands traits les alentours de Chouilly : nul de ceux qui les connaissent ne nous accusera d'en avoir flatté l'image. La nature de son sol ne mérite pas moins l'attention du géologue.

CHAPITRE II

Géologie de Chouilly. — Nature et stratification de ses terrains. — Fossiles. — Alluvions anciennes et récentes.

Considéré sous le rapport géologique, le territoire de Chouilly appartient à la région dite de Champagne, qui est intermédiaire entre celle de la Neustrie, ou du bassin de Paris, et celle de la Lorraine.

Ses terrains se rattachent aux deux grandes formations *secondaires* et *tertiaires* de l'écorce minérale du globe, outre les dépôts d'*alluvion* qui recouvrent la vallée de la Marne.

La montagne de Reims au nord, celle de Saran au midi, constituent les limites naturelles du sol que nous avons à examiner.

De ces extrémités, à cent quatre-vingts mètres environ au-dessus du niveau de la mer, s'échappent deux portions d'un plateau de craie qui s'étend dans tous les sens et à une grande distance, pour former la Champagne, la Picardie et la Haute-Normandie. Ce calcaire, blanc, compact, en bancs généralement épais, traversé par des fissures irrégulières, présente une masse qui n'a pas moins de quatre cents mètres de puissance [1].

Les assises inférieures contiennent des nodules de pyrite rayonnée.

On trouve dans les supérieures, comme fossiles, dont quelques-uns caractéristiques (Voir l'atlas-album, pl. V et VI), deux variétés de Bélemnites, *Belemnites mucronatus* et *Belemnites quadratus*, ainsi nommé à cause de la configuration intérieure de sa cavité tubulaire; l'Oursin, *Echinus*, dont les baguettes ou épines ne sont plus ordinairement adhérentes au test; l'Ananchyte ovale, *Ananchytes ovatus*; le Magas globuleux, *Magas globosa*; des osselets d'Astérie, *Asteria*; des valves d'Anatife, *Anatifa*, de la famille des Cirripèdes ou Cirrhopodes de Cuvier. Ces fossiles sont tous marins, et ne laissent

[1] *Carte géologique de la Marne*, par MM Buvignier et Sauvage.

aucun doute sur l'origine du sédiment qui les empâte. Evidemment aussi, la craie restée à nu se trouvait déjà solidifiée quand de nouvelles submersions vinrent la recouvrir de produits différents.

Ici commencent les *terrains tertiaires*, qui occupent en grande partie les arrondissements de Reims et d'Epernay. Leur inférieure, et partant plus ancienne formation, est connue sous le nom d'*argile plastique,* matière colorée, onctueuse et tenace, qui prend et conserve aisément la forme qu'on lui imprime. Elle sert pour le modelage et la poterie commune. Cette *roche* varie beaucoup d'épaisseur. Très-puissante dans certains endroits, elle s'amincit dans d'autres jusqu'à n'avoir plus que quelques centimètres, ce qui s'explique par l'inégalité des masses aqueuses qui l'ont déposée. Elle alterne avec des bandes, tantôt horizontales, tantôt déclives, de sables gris ou jaunes, de marnes blanchâtres, surtout de lignites pyriteux, appelés aussi *cendres sulfureuses,* et paraissant provenir de débris des végétaux qui croissaient vers cette époque. De là, le nom d'*argile à lignites,* qu'on donne communément à l'ensemble de ce nouvel ordre de choses.

Les strates, si intéressantes par leur diversité,

ne présentent plus de Bélemnites, mais un nombre infini de coquilles fluviatiles, terrestres ou même pélagiques; telles que, parmi les bivalves : la Cyrène antique, *Cyrena antiqua;* l'Huître sparnacienne, *Ostrea sparnacensis*; l'Anomie casanovéenne avec son opercule, *Anomia casanovensis*; l'Anodonte, *Anodonta*, et la Mulette, *Unio littoralis*. — Parmi les univalves : les Cérithes, *Cerithium turris* et *Cerithium variabile* seu *mutabile;* la Mélanie souillée, *Mélania inquinata*; l'Ampullaire, *Ampullaria acuta*; la Mélanopside, *Mélanopsis buccinoides;* le Buccin, *Buccinum semicostatum;* les Néritines, *Neritina consobrina* et *Neritina globulus;* la Limnée, *Limnea longiscata;* les Paludines, *Paludina rimata, Paludina auriculata* et *Paludina stagnalis;* les Cyclostomes, *Cyclostoma ferigenea* et *Cyclostoma obscurum;* le Planorbe, *Planorbis rotundus.*

Mais, de toutes les dépouilles organiques qui s'y rencontrent, les plus curieuses, assurément, sont celles de Sauriens, de Chéloniens et de Mammifères terrestres, dont la présence en nos contrées n'est rien moins qu'explicable. Feu M. Drouet, de Châlons, savant géologue, à l'obligeance duquel nous devons d'utiles indications, a recueilli lui-même, dans les terrains tertiaires de Saran, des ossements de Crocodile, de Tortue ischion, et la molaire supérieure gauche d'un Lophiodon mammifère fossile, genre de pachydermes voisin du genre Tapir.

Le *calcaire grossier*, étage très-important du plateau tertiaire, et d'une incomparable richesse coquillière, n'existe pas plus à Chouilly qu'à Epernay, Mutigny, Rilly, Ambonnay. Pour l'observer, il faudrait se rendre à Cormoyeux, Damery, Courtagnon, Chamery. Cependant, à pareille altitude, les pierres dites *faloises*, exploitées dans le canton de Vertus, et qui ont servi à la construction du portail de l'église de Chouilly, appartiennent à cette formation, puisqu'elles ne sont en réalité qu'un agglomérat de coquilles pélagiques. Peut-être même y aurait-il lieu de se demander si des grès fauves, des sables rougeâtres, engagés dans quelques anfractuosités de la montagne de Saran, n'ont pas une origine commune avec les immenses dépôts que l'entraînement des vagues n'a pu si complètement reporter ailleurs qu'il n'en reste ici certains vestiges.

Quoi qu'il en soit, à l'*argile plastique* succède, par ordre de gisement, le *calcaire lacustre*, composé de bancs calcaires siliceux, avec fréquentes alternances de marnes rouges et vertes plus ou moins magnésiennes. Le versant méridional de Saran offre un beau spécimen de cette roche, où l'on trouve également, la Limnée, le Planorbe, les trois variétés de Paludines, les Cyclostomes, les Hélices et autres coquilles terrestres ou lacustres.

Il en est de la *meulière* à peu près comme du *calcaire grossier*. Ce silex caverneux, qu'on trouve par masses informes à Mutigny, Damery, Venteuil, au milieu d'argiles grises ou jaunes, et d'un limon rouge siliceux, se rencontre à peine au sommet de Saran, et comme blocs erratiques, dans les plaines environnantes.

Les mêmes causes qui avaient accumulé les *terrains tertiaires* devaient en grande partie les anéantir. Il n'y eut d'exception que pour les sommités atteignant deux cents mètres. Le reste fut balayé par d'impétueux courants, dont les traces vont se reconnaître aux confins de la vallée de la Marne, sous le titre d'*alluvions anciennes*.

Le volume et l'abondance des cailloux roulés, l'altitude des dépôts sédimentaires en question donnent à juger quelle masse d'eau les a transportés.

Plusieurs coupes, dont deux principales à l'ouest et à l'est de Chouilly, ont été opérées, sur une hauteur d'environ vingt mètres, dans la berge qui longe, avons-nous dit, la prairie.

Les *alluvions* que la première laisse voir sont exclusivement formées de parcelles crétacées très-ténues, avec Bélemnites et Échinites. Elles servent à fabriquer d'excellents carreaux pour constructions.

Voici les singulières dispositions de la seconde coupe. (V. pl. IV, fig. 2.)

Après l'humus végétal A, d'une épaisseur moyenne de deux mètres, et garni à sa base de nombreux fragments de Cérithes, vient le gravier horizontal B, de trente centimètres, appuyé à droite sur quinze centimètres d'un sable blanc C, très-pur, à gauche sur les lignes obliques, mais concordantes, du sable jaune D, touchant par ses autres points au gravier similaire B', de un mètre quarante centimètres. C'est à la ligne inférieure E que commence à paraître la craie en moyens rognons, mêlés à des galets. L'amas F suppose des flots d'une puissance et d'une rapidité exceptionnelles pour avoir charrié d'aussi volumineux poudingues de craie, parmi lesquels se perdent quelques silex pyromaques. Encore ces matières durent-elles céder en partie devant le contre-courant, qui produisit à leurs dépens les parallèles G, de deux tiers sable et un tiers grève.

Le reste du dépôt n'a pas moins de quatre mètres de hauteur. Il est formé d'assises horizontales, à surface sensiblement ondulée, qui se distinguent les unes des autres par la structure de leurs parties composantes, bien qu'elles consistent en craie roulée, sable et galets à égale quantité.

Au-dessous, règne le banc de craie primitif, tel que nous l'avons étudié avant les terrains tertiaires.

D'autres *alluvions*, dites *récentes*, garnissent encore, sur une échelle considérable, le fond de la vallée de sables jaunes et graviers fluviatiles.

Toutes sortes de débris végétaux, enfouis sous la vase avec les espèces animales[1], attestent d'immenses bouleversements à une époque qui échappe à nos calculs.

Même incertitude en ce qui touche le rapport des

---

[1] Durant l'été de 1863, les basses eaux, près du pont de Mareuil, laissaient apercevoir le tronc entier d'un chêne muni de ses branches, le squelette parfaitement conservé d'un Sanglier à fortes défenses, des ramures de Cerf, des ossements d'Aurochs, le Bubalus ou *Bos urus* des anciens Germains.

causes géologiques à leurs effets. On n'a que des systèmes à opposer à d'autres systèmes. Un seul point a le privilége de les concilier tous : la véracité du déluge universel, cataclysme effroyable dont le récit, emprunté aux Livres Saints, concorde avec la tradition de tous les peuples, et, ce qui est remarquable, à une date presque uniforme.

CHAPITRE III.

Monuments gaulois à Chouilly. — Cavernes sépulcrales de Saran.

L'ancien pays des Galls nous est peu connu jusqu'à l'époque de sa conquête par Jules-César.

Son étrange destinée a voulu que le guerrier qui venait lui ravir son indépendance, ses lois, sa religion, ses mœurs, ait été presque le seul à décrire l'organisation politique que lui-même avait détruite. Grâce aux *Commentaires,* nous savons l'état de la Gaule au dernier moment de son existence comme nation libre. Une impénétrable obscurité enveloppe les époques antérieures. C'est dire le vif intérêt qu'éveillent les moindres découvertes capables de jeter du jour sur les premiers habitants de cette contrée.

Chouilly a possédé quelques monuments gaulois sur son territoire. Les plus authentiques occupaient le mont Saran; il convient de commencer par eux.

La science des antiquaires s'est exercée sur l'étymologie du mot *Saran*. Citons les paroles de M. Dherbès, d'Ay[1] : « Le plateau, dit-il, qui contient environ cent arpents, est entièrement couvert de chênes. Les dénominations des contrées environnantes, dont les noms remontent aux premiers âges de notre langue (*la Griffaigne, Cuchot, Sorongeon*, etc.), indiquent que c'est un lieu fort anciennement connu.

» La vraie appellation de cette montagne est *Saron*[2], qui en grec signifie chêne, et ce nom se rattache au culte druidique, car on sait que les Saronides ou Druides étaient des prêtres gaulois. Il est donc à croire que quelques-uns d'entre eux auront habité ces lieux ; ce qui est d'autant plus vraisemblable, qu'à peu de distance de là on trouve une contrée appelée *Jogasse* ou *Jocasse*, de *Jovis* et *casses*, qui en vieux français signifie chênes (*Jo-casses, Jovis*

---

[1] *Recherches sur les étymologies* — Ms. inédit.

[2] Au moyen-âge, on disait quelquefois *Mons serratus, Mont dentelé*, sans doute à cause de ses chênes dont la ligne horizontale figure de loin les dents d'une scie. — Voir à l'Appendice *la charte de fondation de l'abbaye d'Argensolles, par Blanche, comtesse palatine de Troyes* 1224.

quercus), chênes de Jupiter, chênes consacrés à Jupiter. »

Pour compléter la pensée du regrettable étymologiste, nous ajouterons qu'un roi des Celtes, du nom de Saron, était si célèbre par l'étendue de son savoir, qu'une classe de druides prit le nom de Saronides en mémoire de lui. La même qualification leur est donnée par Diodore de Sicile ; mais, d'après cet auteur, elle tiendrait à la coutume qu'avaient les druides de passer leur vie parmi les chênes les plus vieux (en grec Σαρωνίς, Σαρωνίδες). Diane, déesse de la chasse, s'appelait pour ce motif *Saronia*, et sa fête annuellement célébrée à Trézène *Saronies*. Quant à l'expression *derwyddin*, dont nous avons fait *druide*, elle dériverait du celtique *deru* (en grec Δρῦς), qui signifie aussi chêne. Une autre opinion veut néanmoins que ce nom soit composé de deux mots celtiques, *de* ou *di* (Dieu) et *rouydd* (s'entretenir).

On nous pardonnera cette digression en faveur d'une montagne qui paraît avoir joué un certain rôle dans les fastes du druidisme.

A mi-côte nord-est de Saran, dans un lieu désigné de temps immémorial sous le nom de *Tombeau*, à proximité du pavillon actuel de M. Victor Moël-Romont, on découvrit, en 1806, un caveau de forme elliptique, taillé en pleine craie (*V.* pl. VII, N° 1er), dont l'entrée ovale C, orientée est-sud, et recouverte d'une longue dalle en silex-meulière F, était pratiquée en plan incliné perpendiculairement au grand axe. Ce caveau, de cinq mètres dix centimètres de longueur, trois mètres sept centimètres de largeur moyenne, et un mètre dix centimètres de hauteur, contenait une trentaine de squelettes d'hommes, non pas jetés *pêle-mêle*, mais symétriquement rangés autour de l'hémicycle E, le dos appuyé contre le mur, les jambes dirigées vers le centre, de telle sorte qu'ils paraissaient plutôt *assis* que *gisants*. Par suite de la décomposition des cadavres, l'équilibre une fois perdu, la tête et les premières vertèbres étaient retombées à droite ou à gauche, ou bien au milieu des côtes et jusque sur le bassin. Mais, quel qu'ait été l'écroulement de la partie supérieure du squelette, il était facile de constater l'alignement des fémurs et des tibias étendus sur le sol [1]. Au milieu

---

[1] Voyez, dans le savant ouvrage de M. l'abbé Cochet *la Normandie souterraine*, 2ᵉ édition, Paris, 1855, pages 214 et suivantes, ce qui est rapporté de l'usage des inhumations *assises* ou *accroupies* chez les peuples primitifs.

de l'espace libre D, se trouvaient des hachettes et des couteaux en silex, des anneaux ou grains de collier en craie, en os de cerf et en verroterie, tous objets que l'indiscrète convoitise des premiers explorateurs eut bientôt fait disparaître. Entre les fléaux qui menacent le champ de l'archéologue, le plus redoutable est, sans contredit, l'ignorance du ravageur!

Quand nous visitâmes cet ossuaire, en septembre 1852, il ne restait à recueillir que des anneaux en craie et quelques débris d'instruments en silex.

Cependant, à une faible distance de là, une nouvelle découverte, plus curieuse encore que la précédente, venait d'avoir lieu au commencement d'avril 1851.

Des ouvriers, occupés à trancher le banc de craie pour niveler le sol, avaient à peine attaqué leur ligne de déblai, qu'ils rencontraient, sous deux pierres plates servant de fermeture, un trou rond C, en forme de puits, et garni de deux squelettes (V. pl. VIII, N° 2). Ce trou, qui n'avait guère qu'un mètre de dimension en tous sens, laissait apercevoir à la base de sa face principale une pierre maçonnée à l'effet de masquer une espèce de couloir D, parfaitement lisse, de quatre-vingt-dix centimètres de longueur, sur trente de diamètre. En s'engageant par cet étroit passage, orienté nord-est, on pénétrait dans une sombre caverne taillée, elle aussi, en pleine craie, et affectant la forme d'un four, de quatre mètres vingt centimètres de longueur, trois mètres quarante centimètres de largeur et un mètre dix centimètres de hauteur.

Comme particularités dignes de remarque, on observait à gauche, parallèlement au mur et ménagé dans œuvre : un banc ou siége E, mesurant quatre-vingt-dix centimètres en longueur et vingt-deux centimètres en largeur ; le creusement inachevé d'une galerie oblique H, d'un mètre de profondeur et vingt-cinq centimètres de largeur ; un épais contre-fort G, destiné, sans doute, à prévenir la poussée du cintre. Enfin, un oculus ou ventilateur I, de quinze centimètres de diamètre, foré comme à la tarière dans l'épaisseur de la voûte naturelle, avait son orifice externe simplement recouvert d'une pierre. Du reste, l'empreinte des hachettes calcaires, répétée à l'infini sur chaque paroi, indiquait assez quels instruments avaient accompli le travail d'excavation.

Quarante-huit squelettes, la plupart de femmes et d'enfants, meublaient le fond du souterrain, dans l'ordre et la disposition déjà relatés, et non *pêle-mêle*, ainsi qu'on l'a écrit par méprise [1]. L'un de ces squelettes avait l'avant-bras coupé.

La caverne renfermait, en outre, isolément disposés au centre :

1° Trois vases de poterie.

2° Des hachettes en silex et en calcaire siliceux.

3° Des couteaux en silex pur.

5° Des ossements de cerf servant de gaînes ou de montures aux hachettes.

5° Un étui en bois de cerf.

6° Des anneaux ou grains de collier en craie, en os de cerf et en verroterie.

7° Une cuiller formée d'un os de cerf ajusté à une vénéricarde.

8° Une tête d'animal en calcaire siliceux.

9° Des fragments de chêne pétrifiés.

---

[1] Le *pêle-mêle* des ossements ne survint, dans l'une et l'autre caverne, que par le seul fait des visiteurs, qui, au lieu d'examiner, se hâtèrent de tout confondre. L'exactitude de ces détails nous a été affirmée par des témoins dignes de foi, et même par l'ancien jardinier de Saran, auteur présumable de ce malencontreux dégât.

Ces objets méritent une attention spéciale, à raison de leur caractère archéologique et des lumineuses inductions qu'ils peuvent amener. Nous les avons reproduits, sauf le N° 9, de demi-grandeur; le N° 8 est de grandeur d'exécution (V. pl. IX et pl. X).

Les vases, poterie grossière de forme conoïde et très-commune, ont deux cent vingt-cinq millimètres de hauteur, quatre-vingt-quinze centimètres de diamètre à leur pied, tandis que l'ouverture, à rebords amincis et un peu renversés, en mesure cent soixante-dix.

L'irrégularité de leurs surfaces bosselées démontre que l'usage du tour ou du moule n'a été pour rien dans le mode de leur fabrication, et que les mains seules de l'ouvrier ont dû les façonner.

D'autre part, la couleur uniformément rouge de l'un, la consistance et la sonorité des deux autres, dont la pâte grise est à peu près homogène, sont les indices probables d'une cuisson réelle.

Mais doit-on rapporter à cette cause les fractures partielles et les calcinations extérieures de leurs parois? Nous ne le pensons pas. Il est plus vraisemblable d'imputer ces accidents à l'action d'un nouveau calorique subséquemment introduit. L'un d'eux, en effet, contenait un résidu noirâtre, tel qu'en fournirait la combustion de matières grasses ou oléagineuses; ce qui donnerait lieu de croire qu'il s'agit de vases funéraires destinés à l'éclairage de ce mystérieux asile de la mort. Et, toutefois, s'il nous était permis de conclure par analogie avec les coutumes généralement observées chez les Gallo-Romains, les Francs et les Mérovingiens, qui avaient soin d'entourer leurs morts de lagènes, d'assiettes et de coupes remplies de vin, de lait ou de miel, nous hasarderions de dire que cet usage, tenu pour sacré chez ces différents peuples, pourrait fort bien remonter jusqu'aux temps les plus reculés de la Gaule libre ; à preuve, ces trois vases des sépultures de Saran et les débris de ceux qui ont été également rencontrés à Mizy et ailleurs.

Près des vases étaient huit hachettes, dont une en silex presque pur ; les sept autres en silex infiltré de calcaire, et offrant l'opacité du marbre.

Celle des extrémités qui devait recevoir une gaîne allonge ses deux faces inégalement aplaties.

La partie opposée, plus large, mieux soignée, se termine par un tranchant toujours convexe.

Les dimensions des hachettes varient entre 134 et 120 millimètres pour la longueur, 52 et 26 pour la largeur, 24 et 15 pour l'épaisseur. On présume qu'une fois taillées par percussion de silex ou autres corps plus durs, ces hachettes étaient soumises au frottement du grès pour le polissage final [1].

Les couteaux sont en silex pyromaque presque pur et demi-transparent. Légèrement relevées vers la pointe, leurs lames présentent tantôt deux bords tranchants, tantôt un seul. La face concave est aussi la plus régulière; l'autre offre une série de brisures qui supposent d'assez grandes difficultés vaincues. La longueur de ces couteaux, dans l'état incomplet où ils sont tous, varie entre 130 et 53 millimètres, la largeur entre 25 et 16, l'épaisseur d'arête entre 9 et 6. Il ne manque que la partie emmanchée à l'un de ceux que nous possédons (V. pl. X, fig. 4).

Une seule des hachettes avait sa monture encore adhérente. C'est un os crural du *Cervus elaphus*, de 20 centimètres de longueur, creusé à l'une de ses

---

[1] Une hachette celtique, trouvée l'année dernière, 1865, dans les champs de labour, en lieudit *Pisse-loup*, et malheureusement brisée aux deux tiers de sa longueur totale, mesure encore 155 millimètres sur 70 ; elle est plus travaillée que celles de Saran.

extrémités pour recevoir l'armature en silex. Un trou ovale, percé à une douzaine de centimètres plus haut, permettait d'y adapter un manche en travers. D'autres débris de gaînes existaient encore, mais trop réduits pour qu'il fût possible d'en apprécier la forme intégrale.

Laissons à de plus doctes le soin de déterminer l'usage auquel pouvait servir ce petit tube (fig. 6) en bois de cerf, fermé à sa base, espèce d'étui sans couvercle, de 58 millimètres de longueur sur 32 de diamètre.

On a trouvé, comme dans la première caverne, les éléments d'un ou de plusieurs colliers.

Ce sont d'abord de petits anneaux en craie, mesurant à peine un centimètre de diamètre; en second lieu, des tubes ou cylindres en os de cerf, forés dans leur longueur, qui mesurent 5 centimètres ; enfin, des perles de verre bleu, percées et godronnées, de 8 millimètres de diamètre. Ces perles sont pétries d'une pâte saturée de cobalt, ce qui leur donne la teinte chaude de l'oxide de cuivre. Obtenues par fusion, elles offrent au toucher la rugueuse aspérité du biscuit.

Un ustensile bien autrement bizarre est une

petite cuiller formée d'un os de cerf, dont l'extrémité a été aiguisée de manière à s'introduire dans une valve de vénéricarde, fossile du calcaire grossier qu'on chercherait en vain à Chouilly.

La longueur totale de cet instrument culinaire, sinon cérémoniel, est de 15 centimètres.

Mais que penser de cette tête de mouton grossièrement sculptée en calcaire siliceux, qui se trouvait parmi cet étrange mobilier (V. pl. IX, fig. Ire)?

Serait-ce une idole? Serait-ce une image symbolique? S'est-il rencontré ailleurs pareille ou équivalente représentation?

Toutes ces questions, adressées à de plus experts que nous, demeurent malheureusement sans réponse.

Néanmoins, à qui ne verrait dans cet objet qu'une pétrification de matière organique, analogue à celle qui a transformé tout auprès plusieurs fragments de chêne, il est permis d'affirmer que, d'un côté, le travail humain est trop manifeste pour qu'il devienne contestable; au lieu que la pétrification du chêne n'a pu en dissimuler les fibres et l'écorce naturels. Du museau à l'occiput, cette tête mesure 148 millimètres, du crâne à la base du cou 127.

La coupe terminale porte 70, sur 62 millimètres de diamètre[1].

Que d'autres ossuaires existent en ces parages ; que de nouvelles fouilles aient chance d'aboutir à d'aussi curieux résultats : cela est certain.

Personne n'ignore à Chouilly qu'entre la fontaine de la Griffaine et la croix du Tombeau une troisième caverne a été aperçue, mais laissée intacte et inexplorée, dans la crainte de compromettre la conduite d'eau qui va desservir la maison et les bassins du parc. M. Moët lui-même nous est garant de la vérité du fait.

---

[1] Nous croyons utile d'indiquer ce que sont devenus tous ces objets depuis leur dispersion.
M. Moët-Romont, d'Epernay, conserve : une hachette, avec partie de sa gaîne, la tête d'animal et les fragments de chêne pétrifiés. Mme Auban-Moët-Romont : l'une des perles de collier en verroterie. M. Moët de la Forte-Maison, archéologue à Rennes : un vase de terre rouge, une hachette et l'une des perles de collier en verroterie. M. Isidore Godart, d'Epernay : un vase de terre grise et une hachette. M. Paul Dinet, d'Avize : une hachette engaînée, un couteau en silex, trois cylindres en os de cerf, la cuiller en os de cerf et vénéricarde, la tête et les fémurs d'un squelette. Mme Pansin-Rogé, de Champvoisy : un vase de terre grise, trois hachettes, deux couteaux en silex et l'étui en bois de cerf. L'auteur de cette *Etude* : une hachette, deux couteaux en silex, un grain de collier en craie, la tête et le fémur d'un squelette. Le reste des ossements a été enfoui, en 1854, à l'est de la garenne du mont Aigu.

On sait encore, qu'à l'ouest de la butte crayeuse du Rond-Buisson, au centre d'un entonnoir contourné par le chemin de Longe-Fontaine, deux autres cavernes gauloises ont été fortuitement découvertes de 1822 à 1827.

Comme celles de Saran, elles étaient taillées en pleine craie, et leur ouverture fermée de pierres meulières, presque à fleur du sol, mais de dimensions beaucoup moindres; la première renfermait quatre squelettes, la seconde un seul.

Tous ces morts étaient assis. Qui en douterait? « Ces sépultures étaient trop courtes pour qu'un corps humain ait pu y être étendu. La longueur d'un mètre et la hauteur d'un mètre à peu près, taillées » dans le banc de craie, « semblent prouver que les squelettes y étaient déposés dans la position d'un homme assis [1]. »

A cette réflexion si juste et si pleine de bon sens de M. Ch. Munchen de Dudeldorf, il nous eût été très-agréable d'ajouter que nos yeux avaient vu,

---

[1] Communication faite en 1851 à la *Société pour la recherche et la conservation des Monuments historiques dans le grand-duché de Luxembourg*. — Public. de la Soc., t. VIII, p. 59.

« ce qui s'appelle vu. » Mais la difficulté de soulever les masses de terre accumulées depuis ont découragé nos recherches. De nouvelles tentatives pourront être plus heureuses.

En attendant, nous exprimerons le regret que l'importance historique des monuments de Saran n'ait pu les sauver des exigences d'un plan d'architecte.

Au printemps de 1854, les deux cavernes disparaissaient sous les fondations d'un pressoir à vin.

Les faits ainsi exposés, on se demande :

Quel âge doit être assigné à ces ossuaires ?

A quelle cause les attribuer ?

Pour répondre à la première de ces questions, deux opinions sont en présence.

Et d'abord — dût l'orgueil national s'effaroucher d'apprendre que les premiers habitants de notre pays eurent pour caractère, sinon « une sauvagerie absolue, presque bestiale », du moins « un état de simplicité toute primitive » qui devait «offrir beaucoup d'analogie avec celle des sauvages belliqueux de l'Amérique,... » — s'il est vrai que, durant cet âge *de pierre*, et jusqu'aux temps qui ont précédé une soi-disant invasion de Kimris, vers le VIIe siècle avant notre ère, les Gaulois aient absolument ignoré l'usage du fer : l'absence de ce métal et de tout oxide amènerait à penser que des cavernes qui contenaient, au contraire, divers instruments en silex, doivent être antérieures à l'usage du fer chez les Gaulois ; ce qui en reporte l'origine au-delà de l'invasion des Kimris, sept cents ans avant l'ère chrétienne. D'où il suit que les cavernes de Saran remonteraient à *deux mille cinq cents ans au moins*[1].

Mais si, regardant comme « chimériques[2] » les assertions d'une » école d'histoire gauloise, née il y a trente ans », on aime à se représenter les Celtes comme une nation douée d'une langue antique, de la savante philosophie des druides, d'une religion, frappante réminiscence de celle des patriarches et des Hébreux, moins les superstitions qui l'entachaient ; on conçoit alors que ces hommes, scrupuleux observateurs des pratiques orientales que leurs pères avaient suivies, aient eu, eux aussi,

[1] Voir l'*Etude* de M. Remy et la *Note* de M. Savy *sur la Caverne sépulcrale de Mizy, près Port-à-Binson, arrondissement d'Epernay*, 1861.

[2] Voir l'*Etude* de M. Trémolière *sur les Monuments celtiques*. — Mémoires de la Société académique de la Marne, année 1859. — *Magasin Pittoresque*, 1847, pages 34 et suivantes.

pour code et pour maxime de ne consacrer à la divinité que des pierres brutes, des monuments « que le fer ne devait point toucher [1] », et dont la grossièreté accuse moins, chez les Gaulois, un état de civilisation rudimentaire, qu'elle ne révèle une persévérante fidélité aux traditions, qui semble former un de leurs caractères propres. Aussi s'abstenaient-ils encore, à l'époque de l'invasion romaine, d'élever à Dieu des édifices fermés.

Et puis, de l'aveu même des chefs de la *nouvelle école* [2], cette distinction d'*âge de pierre, âge de*

---

[1] « Et ædificabis ibi altare Domino Deo tuo de lapidibus *quos ferrum non tetigit*, et de saxis *informibus* et *impolitis*. » (Deut. cap. XXVII, v. 5 et 6.) — Vide etiam Exod. cap. XX, v. 26. — Josuë, cap VIII, v. 31.

[2] « .... Si l'on veut parler des haches de pierre d'un tout autre âge, c'est-à-dire du commencement des âges historiques, elles n'appartiennent pas exclusivement aux Celtes; mais ils en avaient et en *conservèrent l'usage assez tard comme armes et concurremment avec les haches de bronze* (on ne fouille guère une de leurs mardelles sans en trouver), et ils les *conservèrent jusqu'à la fin comme symbole religieux*; il n'est peut-être pas un tombeau celtique où il ne se rencontre la hachette de pierre dont ils avaient fait le *signe de l'immortalité;* c'est là le sens de la fameuse formule *sub asciâ*... Les monuments appelés druidiques ou celtiques — on peut le conjecturer avec vraisemblance — appartiennent originairement à une civilisation dont on ressaisit aujourd'hui les vestiges dans l'Asie centrale. Cette civilisation .... transmit aux druides primitifs.

bronze, n'est pas si rigoureuse qu'elle ne soit sujette à confusion. C'est ainsi qu'avec des haches et des couteaux en silex, on rencontre des colliers de verroterie qui supposent généralement une époque plus récente [1].

Donc, suivant cette opinion, bien que les cavernes de Saran puissent remonter à une très-haute antiquité, rien ne prouverait néanmoins qu'elles fussent antérieures à l'usage du fer chez les Gaulois.

Nous n'avons pas la prétention de trancher le débat. Nous dirons seulement que, malgré la faveur dont jouit la première opinion, et les graves autorités qui la patronnent, la seconde ne laisse pas de lui porter de rudes atteintes, outre qu'elle est plus conforme aux traditions chrétiennes.

en Asie, le symbolisme religieux ; et il est probable qu'elle leur transmit également, ainsi qu'aux ancêtres des Hébreux, l'usage des monuments *en pierre brute...* » — *Magasin Pittoresque*, 1862, page 336. — Lettre de M. Henri Martin.

[1] Les fouilles opérées avec tant de succès à Saint-Etienne-au-Temple amènent la découverte de nombreux colliers gaulois en perles de verre colorié, en os de cerf et même en galets naturels, retenus, tantôt par un fil *métallique*, tantôt par une chaînette de *cuivre* oxidé. Cet assemblage d'éléments si divers est de nature à gêner plus d'une théorie. Qu'en pensent les partisans des périodes distinctes ?

Vient l'autre question : à quelle cause attribuer ces dépôts ?

Tout le monde s'accorde à regarder les ossuaires de Saran comme de véritables sépultures gauloises. L'examen le moins attentif suffit pour en fournir d'évidents témoignages.

Ainsi, l'isolement de la montagne, l'ombre mystérieuse de ses chênes, la forme des cavernes, la dépression de leurs voûtes, leur mode d'excavation ; à l'entrée, ces deux sentinelles de la mort; au-dedans, ces squelettes accroupis en hémicycle, ces instruments du sacrifice, ce bois sacré, ces urnes funéraires, cette image figurative, peut-être, d'une victime expiatrice : autant de symboles d'espérance et d'immortalité, que signifiait encore l'oculus au moyen duquel la parole des vivants essayait de ranimer la cendre des défunts; ce sont là, pensons-nous, d'irrécusables preuves de la lugubre destination de ces monuments [1].

---

[1] Il est curieux de comparer les cavernes de Saran avec ce qu'un intrépide touriste écrivait, le 22 mai 1861, au sujet des sépultures égyptiennes qu'il venait d'explorer : « J'ai visité, dit-il, le village de Gournah. L'entrée de celui des puits à momies que j'ai parcouru est fort difficile. On pénètre d'abord dans une première cavité en se courbant

La difficulté consiste à savoir si ces cavernes sépulcrales servaient de dépôts sacrés aux victimes[1] qu'on dit avoir été offertes par les druides, ou bien, si elles étaient des lieux de sépulture ordinaire pour une fraction de peuplade gauloise.

On pourrait former d'autres hypothèses : nous les négligeons comme peu vraisemblables.

C'était, assure-t-on encore, dans le silence des bois que se pratiquaient les rites celtiques. Une pierre brute ou dolmen [2] formait l'autel des sacrifices, sous lequel une grotte naturelle ou artificielle attendait les restes des victimes.

---

et en marchant *à quatre pattes*. Cette première cavité se trouve remplie de têtes. Pour aller plus loin, je dus, avec mes guides et comme eux, me laisser glisser par un trou. Ce *couloir étroit* donne accès à une *chambre souterraine* où se trouvent entassées côte à côte des momies en nombre infini. Elles y sont si serrées, que pour avancer il faut marcher dessus...» — *Lettre de M. le docteur Ernest Godart à sa mère*.

[1] Quelles victimes? Le conquérant des Gaules fut le premier à écrire que c'étaient *des victimes humaines*, pour avoir l'occasion de faire ressortir l'odieux de ces immolations barbares. Il convenait à la politique de Jules-César d'insulter à de tels vaincus, et de noircir une nation qui avait plus d'une fois humilié les aigles romaines. Mais de là au fait historique il y a loin, n'en déplaise aux historiographes qui répètent à l'unisson les dires justement suspects de l'auteur des Commentaires *de Bello Gallico*.

[2] Du celtique *dol*, table, et *maen, men*, pierre.

Or, aucune trace de dolmens n'a été remarquée à Saran. A moins donc de supposer que le temps les ait tous détruits, il n'est guère possible d'admettre l'idée de victimes druidiques.

Le sentiment le plus probable est qu'il s'agit de lieux de sépulture ordinaire; non pas, il est vrai, pour le commun du peuple — autrement la découverte de ces tombeaux serait plus fréquente — mais pour une caste privilégiée, celle, par exemple, des chefs de tribus ou des druides eux-mêmes.

En effet, les squelettes étaient entiers, les os déposés dans l'ordre d'une lente et naturelle disjonction. On y retrouvait le mélange des âges; ce qui donne lieu de croire que l'inhumation des cadavres fut successive et non simultanée; et si la seconde caverne contenait presque exclusivement des femmes et des enfants, au lieu que la première n'offrait que des squelettes d'hommes, cette séparation, toute de convenance, est un argument de plus en faveur de notre thèse.

L'*âge de bronze*, à son tour, voulut bien léguer ici aux générations futures un spécimen de la double hache gauloise.

Ramassée sur le versant méridional de Saran, cette

rare et très-intéressante pièce, qu'on peut voir dans le cabinet de M. Paul Dinet, d'Avize, mesure 315 millimètres en longueur; sa largeur est de 45 millimètres à l'un de ses tranchants, de 37 à l'extrémité opposée, et de 30 seulement à la hauteur du trou d'emmanchement, qui, au lieu d'occuper le milieu des deux haches, s'ouvre à 176 millimètres du tranchant principal (V. pl. X, fig. 9).

Malgré les textes si formels d'Agathias [1], de Sidoine Apollinaire [2], de Grégoire de Tours [3], de Flodoart [4] et des premiers historiens des Francs, cités par M. l'abbé Cochet, plusieurs savants antiquaires se sont crus en droit de contester l'existence de la fameuse *bipenne* ou hache à deux tranchants des anciens. La trouvaille de Saran est, à notre avis, la meilleure réplique qu'on puisse leur faire.

Reste à décider si cette arme redoutable appar-

---

[1] « Πελέκεις γὰρ ἀμφιστόμους καὶ τοὺς Ἄγγωνας. » Agathias. *Hist.* lib. II, c. 5.

[2] « Excussisse citas vastum per inane *bipennes*. » Caii Apollin. Sidonii opera, *carmen* V, v. 246.

[3] « Levata manu *bipennem* cerebro ejus inlisit. » Greg. Turon, *Hist.* Franc., lib. II, c. 40.

[4] « Francisca quæ vocatur *bipenne*. »

tient aux Gaulois de la dernière période plutôt qu'aux Francs, si habiles à manier dans les combats la double-hache, autrement dit la *francisque*. Pour cela, il ne sera pas inutile d'observer que le bronze était beaucoup plus familier aux uns qu'aux autres, et que la bipenne franque paraît avoir été ordinairement en fer.

La montagne de Saran n'est pas le seul point du territoire qui présente des vestiges de la nation gauloise. Nous allons apprendre à connaître les autres.

CHAPITRE IV

Suite du précédent. — Haute-Borne ou Menhir gaulois. — Dissertation sur l'origine de la Vieille-Chaussée.

Au sud-est de Chouilly, près du moulin, se trouve une contrée appelée la Haute-Borne. Existait-il en cet endroit quelque borne digne de remarque? Un titre de 1657[1] le dit expressément : « *Item*, une autre pièce de terre assise aud. terroir de Choilly, sur la *borne* du moulin à vent *qui souloit estre* (solebat esse) aud. Choilly. » Ce devait être une longue pierre de *grès*, verticalement plantée au bord du chemin. De là, le nom de *moulin du Grès*, conservé jusqu'à la Révolution [2] par cette vulgaire

---

[1] *Déclaration des terres et autres héritages situez et assiz en la ville et terroir de Choilly, appartenant aud. sieur Commandeur* (du Temple). — Archives de la Marne. Sac intitulé : *Moulin de Ponreux*.

[2] *Procès-verbal d'enchères et adjudication de la terre de Chouilly, au profit de Jacques-Thomas de Pange, par*

machine à moudre, et de *rue du Grès*, que porte encore la voie qui reliait le village avec le moulin en ligne la plus directe, avant le nivellement des anciens remparts et fossés d'enceinte (V. pl. XVII et XVIII).

Il est bon d'examiner : quelle valeur historique pouvait avoir cette *Haute-Borne;* quel endroit précis elle occupait ; depuis quel temps elle est détruite.

On voit ailleurs qu'à Chouilly des monolithes désignés sous le nom de *Hautes-Bornes*, celui, entre autres, qui marque l'ancienne limite des *Leuci*, habitants du Barrois. Tous absolument sont regardés par les archéologues comme des *Menhirs* [1] ou *Peulvans* [2] celtiques : préjugé, on le conçoit, très-favorable pour l'interprétation du nôtre.

Mais ce qui n'est d'abord qu'une simple conjecture se transforme en quasi-certitude, lorsqu'on songe que, dans la même direction, plusieurs monuments analogues stationnaient à peu d'intervalle les

---

Louis-Philippe-Joseph, duc d'Orléans, prince français, seigneur de Chouilly, 22 mai 1792. — Communication de M. Foucher, négociant et maire de Mareuil.

[1] De *maen*, *men*, pierre, et *hir*, longue.

[2] De *peul*, pilier, et *mean*, en construction, ou *vean*, pierre. On dit aussi : *pierre-levade* ou *levée*, *pierre-frite*, *pierre-fitte*, *pierre-fiche* ou *fichade*.

uns des autres, le long d'une voie dont nous aurons, du reste, à rechercher le caractère.

Chacun sait les destinations diverses qu'avaient les Menhirs. Ils étaient, soit commémoratifs d'évènements heureux, soit gardiens funèbres de la dépouille des héros, soit indicateurs au croisement des grandes voies de communication. Quelques-uns même passent pour des idoles ou des trophées de victoire,

Il serait difficile, assurément, d'assigner à quelle catégorie de Menhirs appartenait la *Haute-Borne* de Chouilly. Mais, s'il fallait exprimer notre avis, nous inclinerions à penser qu'elle était, comme celle de Mutigny [1], un signe tumulaire; ce qui expliquerait pourquoi, durant les troubles politiques et religieux du XVIe siècle, on a cru devoir lui substituer une croix, après avoir confié au sol de son emplacement les victimes huguenotes de l'assaut meurtrier du château-fort. En d'autres termes, nous regardons la croix, dite *des Huguenots,* située sur un terrain vague

---

[1] Un grand vase de poterie gauloise, trouvé il y a une dizaine d'années aux alentours de la *Haute-Borne* de Mutigny, contenait des ossements humains, outre les objets dont il sera parlé. — *Communication de M. Duquenelle, antiquaire à Reims.*

rempli de cadavres, entre le moulin à vent et l'extrémité sud-est de Chouilly, comme le lieu probable où s'élevait autrefois la *Haute-Borne*. Elle aurait, selon nous, disparu en 1567, époque de la fatale agression des Calvinistes. Quoi qu'il en soit, dès l'année 1657 elle n'était plus (*qui souloit estre*), bien que le souvenir en fût toujours présent. Son nom seul demeure à la contrée. Ceci constaté, nous arrivons à l'exploration d'une voie déjà mentionnée, et dont l'origine problématique appelle les réflexions de l'investigateur studieux. Des savants de premier ordre l'ont parcourue avant nous, mais pas tellement *exploitée* qu'à la gerbe des maîtres ne puisse s'ajouter l'épi du glaneur, si toutefois la richesse des uns ne fait pas dédaigner l'insignifiance de l'autre. Il sera glorieux, du moins, d'avoir osé suivre d'aussi nobles traces[1].

Le chemin dit la *Vieille-Chaussée* traverse du nord au sud la partie comprise entre Mareuil et Chouilly.

Détérioré, rétréci et même supprimé en quelques endroits, par suite d'enlèvement de matériaux ou

---

[1] « Proximus *his*, longo sed proximus intervallo
Insequitur.... »
Virgile. Enéide. liv. V. v. 320.

d'annexions riveraines, il se retrouve en d'autres assez bien conservé sous une couche d'atterrissements de 45 centimètres.

Différentes coupes en travers nous ont donné les résultats suivants : largeur moyenne 5 mètres, épaisseur 23 centimètres, ainsi répartie :

Au-dessous du gravier préexistant,

Craie concassée................	0^m,03
Pierres siliceuses posées à plat...	0^m,16
Fragments de cailloux siliceux...	0^m,04
	0^m,23

Les débris de métaux qu'on y trouve, javelots, lances ou instruments usuels, fers à cheval de provenance anglaise [1], un pont démonté, dit *Vieux-*

---

[1] V. pl. XIII et pl. XIV, fig. 3, 6 et 8. — Ils se reconnaissent : à l'exiguité de leurs *branches*, au long biseau de leurs *étampures*, souvent remplacées par une *rainure courante* dans laquelle les trous *se noient* ; enfin, lorsqu'ils ne sont pas *rainés*, à la tête triangulaire et doublement *épaulée* de leurs *lames*. — Voir aussi le dessin des *fers à cheval recueillis sur les champs de bataille de Crécy* (26 août 1346), *et d'Azincourt* (25 octobre 1415), par les soins du docte abbé Cochet. — D'après les dimensions de tous ces fers, on peut juger ce qu'étaient les chevaux anglo-écossais des XIVe et XVe siècles ; leur taille ne devait guère dépasser celle des *poneys* modernes.

En fait d'origine du ferrement des chevaux, les uns veulent que cet usage, introduit au XIIIe siècle, soit une véritable importation anglaise. Cette opinion se fonde sur

Pont, et dont les piles puissantes [1] reposaient sur des pilotis ferrés de sabots, amènent d'abord à conjecturer qu'il s'agit simplement d'une voie de communication entre le château-fort de Mareuil, longtemps au pouvoir des Anglais, et celui de Chouilly, trop rapproché du premier pour qu'il ait échappé aux mêmes vicissitudes. L'erreur (car c'en est une) provient surtout de ce qu'on voit la tête du

ce que : 1° pas un des chevaux sculptés sur l'admirable frise du Parthénon d'Athènes ou sur les monuments de la vieille Rome ne porte de fers ; 2° que, dans les sépultures antiques où l'on rencontre le squelette du cheval avec le mors, les fers manquent habituellement; 3° enfin, que l'argument tiré des 352° et 353° vers du XI° livre de l'Iliade n'a pu être invoqué qu'à la faveur d'un énorme contresens. — A cela les adversaires répliquent : 1° qu'on ne peut nier qu'Appien, dans son livre *de Bello Mithridatico*, Suétone, *in Nerone*, c. 30, Pline et Catulle, n'aient parlé de fers à cheval et à mulet ; 2° que l'absence de fers sur les bas-reliefs de Rome ou d'Athènes prouve seulement que les artistes ont négligé cet accessoire comme inutile à l'effet qu'ils cherchaient ; 3° que si les fers sont rares dans les *barrows* gaulois et les sépultures franques, ils ne sont pas néanmoins introuvables, témoins ceux du tumulus saxon de Caenby, dans le Lincolnshire, trouvés par M. Jarvis ; et en France, celui que renfermait le tombeau de Childéric, au rapport de Monfaucon, qui en donne le dessin dans ses *Monuments de la Monarchie française* t. Ier, p. 10; pl. VI, fig. 4.

[1] Les matériaux de ces piles ou jetées, extraits en 1846, suffirent à la confection des caniveaux d'écoulement qui bordent toutes les rues de Chouilly.

chemin s'engager précisément dans le creux du fossé d'enceinte qui isolait la *motte* du château.

Un nouvel examen des lieux rectifie bientôt ce premier jugement.

Là, en effet, ne se termine pas la *Vieille-Chaussée*. A peine interrompue, elle reparaît, à partir de la Haute-Borne, dans les mêmes conditions, mais sous un autre nom, celui de *Chemin de Vertus* ou de *Chemin de l'Armée*. Si, de ce point, l'on cherche à se rendre compte de la direction commune aux deux extrêmes, on soupçonne de suite qu'au lieu d'obliquer brusquement vers l'ouest, en-deçà comme au-delà de l'ancien château, cette voie, dans le principe, pourrait bien avoir suivi une ligne plus naturelle et suffisamment indiquée par la configuration du sol, l'aboutissement des champs actuels, l'échancrure très-visible de la berge correspondante. En ce cas, la courbe et la jetée inférieures n'auraient été créées qu'au moyen-âge et pour les seuls besoins du château, tandis que l'existence de la *Vieille-Chaussée* serait antérieure à cette époque.

A l'appui de cette hypothèse, vient un titre de partage, en date du 25 février 1582, des biens seigneuriaux entre les héritiers de « feue damoyselle

Catherine de la Chapelle, par acte notarié de Milliart et Galois, notaires royaulx résidens à Chouilly [1] ». Nous y voyons désignée : « Une terre boutant sur la *Vieux Chaussé.* » Ainsi, voilà une pièce authentique dressée en faveur des seigneurs eux-mêmes, laquelle qualifie de *vieux* un chemin encore en plein exercice. Alors, comme aujourd'hui, cette *Chaussée* était donc réputée très-*vieille*, plus vieille, sans aucun doute, que le château qui jusque-là s'était estimé heureux de l'avoir à sa disposition.

La surprise sera moindre après cela d'y rencontrer de matériels témoins de la présence du peuple-roi, et du passage de ses valeureuses phalanges.

Nous l'avons dit : la partie basse de la *Vieille-Chaussée*, celle que les âges féodaux ont dû recharger ou modifier, ne présente guère que les humiliants vestiges de l'occupation anglaise. Mais plus loin, dans la traversée des terrains montueux, apparaissent assez fréquemment des monnaies romaines du Haut-Empire : trouvailles dispersées sans profit pour la numismatique. Le peu qui nous en reste ne manque pas d'intérêt. Ce sont, en gé-

---

[1] *Communication de M. le comte de Bruneteau de Sainte-Suzanne.* — Archives de la famille.

néral, des bronzes de divers modules, aux effigies des empereurs Néron, Trajan, Vespasien, Titus, Adrien, Antonin-le-Pieux, Marc-Aurèle, Septime-Sévère, Caracalla, Constantin-le-Grand, etc.[1]; noms qui comprennent les quatre premiers siècles de notre ère, et cette période de temps qu'on est convenu d'appeler l'époque gallo-romaine. Veut-on poursuivre la démonstration d'un tel fait? Mareuil en fournira les moyens. Non-seulement la *Vieille-Chaussée* — ici le *Cheminet* — traversait la Marne à la hauteur de l'île du Petit-Mareuil, mais, avant de se diriger vers *Durocortorum*, Reims, par Mutigny, *Mons ignis*, et Mont-Flambert, *Mons flammiger*, elle se bifurquait au pied de la montagne, afin de desservir l'important bourg de Mareuil avec sa *demi-lune* en amont sur la rive gauche de la rivière, et de relier — présument quelques auteurs — le poste retranché de *Socote*, au-delà du village moderne de Tours-sur-Marne.

Sans parler des médailles aux types de César-Auguste, Agrippa, Trajan, Constantin, etc., trouvées en 1600 [2]; de celles que les érosions de la

---

[1] Voir la description de ces médailles à l'article 1er de l'*Appendice*, du N° 3 au N° 12 inclusivement.

[2] *Annuaire de la Marne*, 1837. p. 90.

Marne mettaient à jour dès le commencement du xviiie siècle [1] ; des deux ou trois cents bronzes, des fers de javelines et de flèches, d'une amphore « et d'une foule d'objets curieux [2] » que M. Foucher a recueillis depuis 1823 ; des restes de constructions, médailles, ustensiles, meules de moulins-à-bras, hache en bronze, trouvés de 1839 à 1842 [3] ; des fragments de poterie de toute sorte, que les basses eaux découvraient en 1863, sur l'emplacement de l'ancien fort romain [4] ; nous signalerons en particulier les sépultures gallo-franques qui garnissent la partie supérieure du *Cheminet*, depuis presque sa bifurcation appelée le *Chemin creux*, jusqu'au-dessus de la crayère de Mareuil. L'un de ces cercueils, en plâtre gâché, contenait, outre l'inscription hiéroglyphique du couvercle (V. pl. XIII, fig. 1re),

---

[1] *Lettre de M. Bertin du Rocherct*, du 19 mars 1749, rapportée dans la *Chronique de Champagne*, t. IV, p. 245.

[2] *Mémoires de la Société académique de la Marne*, 1859, p. 149. — Les types les plus communs sont, outre ceux déjà cités : Domitien, Lucius-Vérus, Commode, Gallien, Aurélien, Tétricus, Probus, Dioclétien, etc.

[3] *Ibid.*

[4] En les montrant, un brave homme disait : « Faut croire qu'avant de partir les Romains ont cassé là toute leur vaisselle. »

un *cultellum* ou poignard en fer et un bijou d'argent avec facette bilobée en verre violet, reposant sur une chape en craie (fig. 4). Ces objets, ainsi que l'auge en plâtre, se voient chez M. Bouché-Gayot, qui a bien voulu nous permettre de les reproduire.

Mareuil, au temps des Romains, avait donc une grande importance, importance, remarquons-nous, qui fut loin de s'amoindrir sous la domination des Francs. Et comme nulle autre voie ne rattachait cette localité avec la cité Rémoise, la *Vieille-Chaussée* ou le *Cheminet*, sans être une de ces voies dites solennelles, *viæ privilegiatæ*, n'aurait-elle pas été, en définitive, un grand chemin de communication ouvert par les Romains?

C'était l'avis de feu M. Chalette.

« La Neuville en Beauvais, dit-il [1], a été au moins une forteresse bâtie par les Romains, près de *leur grand chemin, dit aujourd'hui Cheminet*, qui conduisait de Villers-Allerand à la Neuville, et peut-être de Reims à l'ancien Châlons et à Troyes par Tours-sur-Marne. Près de Germaine passait le *grand chemin des Romains*, que l'on suit presque sans interruption

---

[1] *Statistique du canton d'Ay.* — Annuaire de la Marne, 1857, p. 77 et 79.

de Tours-sur-Marne, par Mont-Flambert et la Neuville, jusqu'auprès du village dont nous parlons. Ce chemin, néanmoins, n'est pas, selon Bergier, l'ancienne route de Reims au vieux Châlons, et quelques personnes éclairées *doutent même qu'il soit l'ouvrage des Romains.* Cependant il a pu être un chemin militaire, et s'appuyer en quelque sorte sur les forteresses du Mont-Aigu, de Mont-Flambert, de la Malmaison, de la Neuville et du château de Germaine. Comme l'histoire se tait à cet égard, nous n'insisterons pas davantage. »

A la bonne heure! Mais les *personnes éclairées* se garderont toujours d'attribuer aux Romains une voie : 1° que n'indique aucun itinéraire des *voies romaines*, celui d'Antonin pas plus que la carte de Peutinger ou table théodosienne; 2° dont le savant ouvrage du Rémois Bergier [1] ne dit absolument rien; 3° enfin, où l'on n'observe ni la *ligne droite*, ni la *surélévation sensible* de la chaussée, deux conditions caractéristiques qui distinguent le génie de la

---

[1] *Histoire des grands chemins de l'Empire romain, 1622.* — Voir aussi l'excellent travail de M. Savy : *Topographie jusqu'au V*[e] *siècle de la partie des Gaules occupée aujourd'hui par le département de la Marne.* — Congrès archéologique de France, t. XXII.

construction des routes romaines. Autrement se présentent les *chemins gaulois romanisés*, c'est-à-dire, celles des voies anciennes qui, ne pouvant entrer dans le vaste réseau tracé par le gendre d'Auguste, Agrippa, furent utilisées depuis comme chemins secondaires pour faciliter la circulation générale entre toutes les parties du territoire conquis. Ces voies *substituées* ou *transformées*, un antiquaire bien connu dans la science les décrit en des termes qu'il nous permettra de lui emprunter.

« La saillie de la chaussée, dit-il [1], y est presque insensible et ne dépasse pas vingt à trente centimètres en moyenne, bien qu'il se trouve par exception des lignes surélevées. On voit que l'apport des matériaux y a converti la cavité que présentait le travers du chemin gaulois en un plan légèrement convexe dans ce sens. Je suis convaincu qu'on trouvera sous ses couches, qui datent de l'époque romaine, les traces des ornières de chemins gaulois enfouis à l'époque de la transformation. La pierre dure brisée en fragments, les cailloux, le sable, la terre du lieu même y forment, suivant les

---

[1] *Recherches sur divers lieux du Pays des Silvanectes*. par M. Peigné-Delacourt. — Amiens. 1864.

lieux divers, des couches disposées à la romaine. La pierre domine surtout aux points où le sol est disposé à s'effondrer. Le signe distinctif de l'origine gauloise, qui consiste dans l'ondulation de la voie, reste là pour type formel. »

Telle est la *Vieille-Chaussée*. Elle a pu subir de la part des Romains des modifications accidentelles; mais son caractère essentiellement *gaulois* lui est toujours demeuré ; et, ce qui ajoutera un nouveau poids aux considérations qui précèdent, plusieurs monuments celtiques se trouvaient échelonnés sur son parcours :

A Chouilly, les cavernes sépulcrales de Saran et la Haute-Borne.

A la descente de Mutigny vers Mareuil, un second monolithe, détruit depuis quelques années, et au pied duquel, on le sait, un grand vase de *poterie gauloise*, l'ornement aujourd'hui du cabinet de M. Duquenelle, antiquaire à Reims, contenait, avec des ossements humains, un couteau en bronze (V. pl. XIV, fig. 10) et deux médailles de même métal à l'effigie d'un *chef gaulois* nommé Atisios Remos.

Dans la plaine d'Avize, au sud-est de Saran, un troisième Menhir, plus heureux que ses compagnons, est encore debout, servant de limite territoriale, depuis que les empiètements des riverains ont fini par l'isoler au milieu d'un champ, quoique à l'inverse des sillons de labour. Lui aussi porte le nom significatif de *Haute-Borne*. C'est un grès blanc, méplat, non taillé de main d'homme, et mesurant, en dehors du sol, 1 mètre 34 centimètres de hauteur, sur 86 centimètres d'épaisseur à sa base, et 35 à son sommet. Celles de ses faces orientées nord et sud ont une épaisseur moyenne de 40 centimètres. Tout concourt à lui faire assigner une origine *gauloise*.

Avec une étymologie *gauloise*, Mareuil offre des objets de provenance identique : vases en pierre creusée, hachettes en silex, grains de collier en galets percés, etc.

Enfin, au-dessus du hameau de Nogent, commune de Sermiers, sur un tertre de forme triangulaire, dans un endroit qui ressemble à un croissant, appelé le bassin de Chamery, trente grosses pierres de grès réunies ont pu être justement regardées comme les restes d'un Cromlech [1] ou enceinte *druidique*.

---

[1] Du celtique *crom*, courbe, ou *croum*, cercle, et *lec'h* ou *leac'h*, lieu, espace. — Voir la *Statistique du canton de Verzy*, par M. Lacatte-Joltrois, Annuaire de la Marne, 1831, p. 57.

Il nous reste à exposer que la *Vieille-Chaussée*, dont on observe les traces dès Sézanne[1], après avoir contourné le Mont-Août, *Mons Augustus*, et le Mont-Aimé ou *Moymer*, se dirigeait sur Voipreux, Avize et Chouilly, par le Mont-Aigu et la Haute-Borne. De là, franchissant la Marne, à l'île du Petit-Mareuil, elle remontait à Mutigny, passait près ou par la ferme de Mont-Flambert, les étangs de Germaine, les bois de Notre-Dame, et, quittant la forêt de Reims vers le dernier tournant de la route actuelle, elle allait s'embrancher, aux environs de Montchenot, sur le *Chemin de la Barbarie*, « voie *gauloise*, préexistante à l'époque de la conquête par les Romains, et établissant une communication directe de la Germanie jusques à la frontière de la Gaule voisine de la Grande-Bretagne [2]. »

[1] M. Savy. — *Opere citato*, p. 91 et 92.
[2] M. Peigné-Delacourt. — *Ibid*.

CHAPITRE V

Villas gallo-romaine des Pétrosses, et gallo-franque de la côte Beert. — Poste militaire et Tombeaux du Mont-Jogasse.

La *civitas Remorum* dans la province Belgique, plus tard la seconde Belgique, avait pour frontière naturelle, au sud, le cours enchanteur de la *Matrona*. L'éclat de sa splendide métropole *Durocortorum*, Reims, ne pouvait que rejaillir sur ses établissements limitrophes, parmi lesquels Mareuil, et surtout Damery, atteignirent un degré de prospérité qu'ils ne reverront jamais.

Rien n'indique, cependant, que l'ancien *Sparnacum*, Epernay, sur la rive gauche de la Marne, ait eu part à ces faveurs.

Chouilly n'existait pas; de sorte que, pour son histoire, l'époque gallo-romaine et celle de transition désignée sous le nom de gallo-franque, seraient comme non-avenues, si des vestiges de *villas* et de campements militaires ne s'étaient révélés dans l'enceinte plus moderne de ce territoire.

A l'extrémité d'une voie appelée le *Chemin ferré*, qui s'étend du nord au sud dans la direction de Saran, et va se perdre au pied de cette montagne ; au lieudit les *Pétrosses*, se trouvent entassés, presque à fleur du sol, des grès, des pierres meulières, des fragments de poterie rouge, de tuiles courbes et à rebords, des clous, des anneaux et des crampons de fer, etc., indices manifestes de constructions bouleversées de fond en comble.

Sans doute, « bien des révélations sont écrites sur ces pierres, et elles nous apprendraient une foule de choses curieuses, si elles pouvaient redire leurs destinées[1]. » Malheureusement, personne n'est là pour recueillir et interpréter leur muet langage. Il est même douteux qu'elles eussent jamais fixé l'attention publique, sans la récente découverte qu'il nous faut raconter.

Le 6 janvier de la présente année 1866, en défonçant le sol de l'une de ses vignes, le sieur Legras-Carpentier fut tout surpris de ramener avec sa pioche, de dessous d'énormes pierres, un vase en

---

[1] M. l'abbé Cochet, *la Normandie souterraine*.

terre blanche, fabriqué au tour, et vêtu au-dehors d'une couverte noire de graphite ou plombagine.

Aussi délicat de pâte que gracieux de forme, ce joli bol mesurait 5 centimètres seulement de diamètre à sa base, et 9 en hauteur. Sur ses bords amincis et légèrement évasés, figurait une marque en creux qu'il eût été intéressant d'examiner intacte, si la maladresse d'un tiers n'avait fait voler le bol en éclats. Il renfermait trois monnaies romaines du Haut-Empire. La première, en cuivre rouge et de moyen module, à l'effigie de César-Auguste, provient de l'atelier monétaire de l'antique *Lugdunum*, ou cité Lyonnaise. La seconde, en bronze romain, sort de Nîmes. Elle porte à son avers le double type adossé d'Auguste et d'Agrippa; et, à son revers, le crocodile enchaîné au palmier traditionnel de la colonie Néméenne[1]. La troisième pièce, de même provenance que la première, est à peu près fruste.

De l'ensemble de ces témoignages il résulte que nous sommes en présence des ruines de l'une de ces *villas* romaines qu'on sait avoir été à la fois

[1] On en trouvera la description au commencement de l'*Appendice*.

« des vigies militaires, des châteaux seigneuriaux, des exploitations agricoles, des centres d'industrie et des villes de refuge [1]. » La plupart de ces établissements n'ont pu survivre à la chute de leurs maîtres, tant les siècles suivants furent agités!

Déjà, dans les derniers jours de décembre 1865, un déblai ouvert au-dessus des dépôts d'alluvion du chemin d'Oiry, mettait à nu les fondations d'une *villa* que la philosophie du rigide Socrate n'eût point désavouée, à raison de l'exiguité de ses proportions : elle ne mesurait guère que 5 mètres en longueur, sur 3 en largeur. Les parements encore visibles du maçonnage consistaient en grès rouges, en meulières, en tessons de tuiles à rebords et de poterie noire. Il est vrai qu'à cette villa de la côte Beert, des plaques de mortier bâtard où reluisaient des morceaux de gypse non cuit, tels qu'on les retrouve dans les parois des sarcophages de Mareuil, accusaient une origine franque, sinon mérovingienne, tandis que les matériaux des Pétrosses ne peuvent évidemment se rapporter qu'à l'époque gallo-romaine.

[1] M. de Caumont, *Bulletin monumental.* t. XV, p. 104.

Un mot a été dit des exhumations de la garenne de Plume-Coq. Celles du Mont-Jogasse exigent quelques détails.

Situé au sud-ouest du village, entre le Mont-Saran et le Mont-Bernon, Jogasse, sans avoir l'aspect imposant de ses deux voisins, est assez élevé pour dominer la Marne et les vastes plaines qui courent à l'est. Son revers oriental, d'un sous-sol tufeux, exempt d'humidité, et dressé en amphithéâtre jusqu'à la butte appelée le *Chapeau de Jogasse,* offrait à la fois un accès facile, un séjour salubre, et une vue plongeante qui assurait la plus entière sécurité. Jogasse devait convenir comme poste d'observation, et de fait, il a été occupé pendant un temps considérable, si l'on en juge par le nombre des tombeaux qu'on y rencontre.

Groupées çà et là par inégales séries de sept à douze, ces sépultures ont pour caractères communs :

1° L'*orientation*, qui est toujours de l'ouest à l'est, sauf les variations d'un quart de compas ; c'est-à-dire, qu'elle va du nord-est au sud-est en passant par l'est, le lever et le coucher du soleil formant pour le fossoyeur l'orient et l'occident des différentes saisons.

2° L'*absence de cercueils,* soit en plâtre, soit en toute autre matière. Il est possible, il est même probable que des cercueils en bois ont existé ; mais nous avouons n'avoir observé aucun sédiment de lignite ou bois fossile qui prouve leur existence.

3° Les *dimensions de la fosse*, qui a 2 mètres environ de longueur, 60 centimètres de largeur, et 85 de profondeur. Exceptionnellement, la fosse s'élargit, quand elle renferme plusieurs cadavres.

Dans leurs accessoires, elles diffèrent suivant le rang, sans doute, et la qualité des personnes dont elles ont dû admettre la dépouille.

C'est ainsi qu'il se trouve tantôt une pierre brute posée à plat sur la poitrine du mort ; tantôt un vase de poterie ou de verre à ses pieds ; en d'autres, une épée, un fer de lance ou de javeline, une fibule, un collier en bronze, etc.; quelquefois deux vases, dont le moindre aux pieds, le plus grand vers le chef ; ou bien, le guerrier sera couvert du casque et de l'umbo [1].

Plus rarement les parois de la tombe sont gar-

---

[1] Il y a lieu de croire que ce qui nous avait d'abord été signalé comme débris de cuirasse n'est autre que l'armature en fer de l'*umbo* ou bouclier franc. L'avenir résoudra ce doute.

nics d'un petit mur en pierres sèches, lesquelles, arc-boutées à 50 centimètres au-dessus du squelette, présentent par le travers une coupe irrégulièrement ogivale.

Replié sur lui-même, le squelette d'une jeune femme portait un bracelet de bronze au bras.

Nulle distinction n'accompagne ceux que nous appellerons les simples soldats, car tout était soldat parmi ces tribus d'envahisseurs.

On se bornait à les coucher sur le dos, la face vers le soleil levant, symbole qu'on sait avoir été consacré chez la plupart des peuples.

« Un noble instinct de la nature les avertissait sans doute qu'un nouveau soleil viendrait un jour raviver les corps que l'on confiait à la terre comme une impérissable semence. Le Christianisme seul a su donner à l'homme le mot de ce mystère[1]. »

Les *spatha* ou *spada*, épées à double tranchant, à lame plate et terminée en pointe, l'arme de la cavalerie romaine, et aussi, à l'époque franque, l'attribut du commandement ou de la supériorité militaire, mesurent 71 centimètres, non compris la

---

[1] M. l'abbé Cochet, *la Normandie souterraine*, Paris, 1855. 2ᵉ édition. p. 219.

soie que devaient recouvrir la garde et la poignée disparues.

Beaucoup plus commune, la lance ou la *framée* est au côté droit du squelette, la pointe vers le haut du corps et la douille vers le bas. Cette règle souffre néanmoins quelques exceptions.

La feuille de la lance est généralement étroite et ne dépasse pas 3 centimètres dans sa plus grande largeur (V. pl. XI, fig. 1re, et pl. XII, fig. 4). Sa longueur varie entre 12 et 15 centimètres, outre la douille circulaire qui n'a pas moins de 6 centimètres et loge encore le bois du manche, traversé par deux clous ou rivets en fer.

C'était une distinction honorifique de porter au cou un collier de bronze, plus ou moins richement ciselé. Celui que nous reproduisons (V. pl. XI, fig. 3) est très-simple, et mesure 15 centimètres de diamètre. Une espèce de bouton aplati termine chacune de ses branches.

Semblable, pour la forme, à un grand anneau de bronze ayant 55 millimètres de diamètre, le bracelet (V. pl. XI, fig. 4) s'entr'ouvre et se resserre à volonté, au moyen d'une jointure mobile.

Parmi les vases, les uns sont en terre rouge (V.

pl. XI, fig. 5), ce sont les ordinaires ; les autres, en terre grise ou noire, façonnés au tour, quelques-uns au moule, d'un galbe élégant, et de grandeurs qui varient entre 5 et 34 centimètres.

L'un de ceux que nous avons dessinés (V. pl. XII, fig. 2) porte à la partie supérieure de sa panse un cordon de losanges vermillonnés et du meilleur effet. Un autre, qu'une main ignorante a malheureusement brisé, était enrichi à l'extérieur d'écailles imbriquées en relief ; on en jugera d'après le fragment reproduit (V. pl. XI, fig. 2). Ces genres d'ornements, très-usités à l'époque gallo-franque, étaient déjà connus à l'époque gallo-romaine.

La figure 3 de la planche XII représente un bol en verre, finement modelé, de matière verdâtre, et tenant parfaitement sur son fond. Il est donc impossible de le confondre avec le cyathe, ou coupe sans pied des Romains.

Plusieurs de ces objets ont été acquis pour le cabinet de M. Paul Dinet, d'Avize. Les autres appartiennent à divers habitants du pays. Le plus grand nombre n'a pu trouver grâce devant l'inexplicable vandalisme de ceux qui les avaient exhumés.

En continuant les fouilles sur ces hauteurs pour

en extraire du tuf, on finira par connaître l'étendue exacte et toute l'importance de ce cimetière antique, qui est loin, croyons-nous, d'être apprécié comme il le mérite.

Mais là où le rôle de l'archéologue finit, celui de l'historien commence. On ne manquera pas de nous demander à quelle époque remontent ces sépultures, à quelle race d'hommes ces débris paraissent appartenir : question fort délicate et qui rend indispensables certaines considérations.

Aux yeux du matérialisme gréco-romain, l'*âme* n'était qu'une *ombre*, et la conservation indéfinie du *corps* l'unique immortalité à laquelle il aspirât.

Dans son horreur de la décomposition et des vers, il demandait au feu de purifier ses restes avant de les confier à l'urne cinéraire. C'est ce qu'on appelait l'*incinération* ou *sépulture à ustion*, et il n'y en eut pas d'autres jusqu'au milieu du IIIe siècle de notre ère.

A l'*âge de feu* succéda la période de transition des IVe et Ve siècles.

On ne brûlait plus les corps, et à partir de Constantin l'inhumation redevint générale, sauf à conserver presque tous les caractères distinctifs de la sépulture païenne, l'entourage de vases à liquides, de fioles à parfums, de lacrymatoires, de bijoux et de fibules, de colliers et de bracelets, etc.

Les cercueils étaient en briques, en pierre ou en plomb.

Ceux de l'époque franque sont en bois ou n'existent pas du tout.

Cette dernière période se distingue encore des précédentes sous d'autres rapports.

Ordinairement, il n'y a qu'un vase par cadavre, et il est placé aux pieds. La longue épée plate, d'ailleurs très-rare, est à deux tranchants et terminée en pointe.

L'époque mérovingienne nous montrerait ses haches en fer, ses ceinturons à plaques damasquinées, telles qu'on en rencontre notamment à Gigny-aux-Bois, et le terrible scramasaxe, ou sabre à un seul tranchant, qui tenait le milieu entre le *cultellum* et la *spada* des âges antérieurs.

On le comprend, les sépultures du Mont-Jogasse n'ont rien de commun avec les incinérations romaines. Déjà l'inhumation des corps et l'orientation des tombes présupposent d'autres doctrines qu'un désolant sensualisme. Mais nous n'entrevoyons pas encore les mœurs et les pratiques de la grande famille des chrétiens de Clovis et de Charlemagne.

Serions-nous loin de la vérité en affirmant qu'il s'agit ici de l'époque gallo-franque, et que ces hommes étendus au champ de repos sont ceux qui, au prix de longues résistances, réussirent à préparer le sanglant berceau de la dynastie mérovingienne ?

C'est aux savants de prononcer.

CHAPITRE VI.

Origine et commencements de Chouilly. — Etymologie de ce nom. — Château-fort de Chouilly. — Description de son église.

L'empire romain s'était écroulé sous son propre poids. La Gaule, rendue à elle-même, bien que mélangée avec la race germanique des Francs, travaillait, sous l'inspiration chrétienne, à reconstruire sa nationalité.

Ce grand mouvement, d'où sortit le système féodal, durait encore au xe siècle, lorsque le pays Rémois devint le théâtre de fâcheuses querelles.

Une des ambitions du comte de Vermandois, Héribert, était de placer Hugues, son fils, âgé de cinq ans, sur le siége archiépiscopal de Reims.

Dans ce dessein, il envahit, en 936, les terres de cette église, et, maître d'Epernay, il entre par trahison dans un château nommé *Causoste*[1], que

---

[1] « ... Quoddam castrum Remensis Ecclesiæ quod vocabatur Causostis super Matronam fluvium ab Artoldo præ-

l'archevêque Artauld avait fait bâtir sur la Marne, désole par de fréquentes incursions les campagnes d'alentour, et ne se retire qu'après y avoir laissé garnison.

Artauld, de son côté, court assiéger le fort de Causoste, lequel, évacué par l'ennemi à l'approche du roi Louis IV d'Outremer, est presque aussitôt rasé par son propre fondateur. Trente années de funestes conflits se terminaient, en 964, par la reddition forcée d'Epernay et de quelques villages à leur suzerain légitime, qui n'était plus l'archevêque Artauld, mort depuis trois ans, mais Odalric, son successeur.

Or, que le château de Causoste ait eu pour emplacement l'île, aujourd'hui supprimée, du Petit-Mareuil, comme l'insinue le prieur Georges Montgérard [1], ou bien le vieux circuit du *Grand-Chausot*, plaine située plus à l'ouest sur la rive gauche de la Marne, entre Ay et Chouilly, ainsi que tendent à

---

sule constructum. » — Flodoart, *Historia Eccl. Rem.*, lib. IV, cap. XXVI et XXVII. — *Richer*, lib. II, cap. VIII et XXI.

[1] « .... Fortassé quod olim fuit Marolinum » — Ms. de la Biblioth. d'Epernay.

l'établir les savantes *Recherches*[1] de M. Louis-Perrier, d'Epernay ; dans l'une et l'autre de ces deux hypothèses, il y a lieu de conclure :

1° Que vers le milieu du Xe siècle, le château-fort de Chouilly n'était pas encore érigé. Autrement, le comte Héribert, en se jetant à l'improviste sur les domaines de son rival Artauld, n'eût pas fait faute de s'en emparer avant Causoste, et le Sparnacien Flodoart de nous en instruire.

2° Qu'aux environs de ce fort ou castel de Causoste, et dans un rayon qui ne pouvait s'étendre, vers le sud, au-delà des territoires de Chouilly et Cramant, limites extrêmes de l'ancien diocèse de Reims, se trouvaient dès lors, comme éléments de villages futurs, des groupes d'habitations rurales [2], des hameaux isolés les uns des autres, sans aucun lien paroissial.

3° Que, malgré ces commencements probables de Chouilly, aucun témoignage écrit ne le désigne nommément et ne prouve l'authenticité de sa fon-

---

[1] *Recherches sur la situation du fort ou castel de Causoste.* — Ms. inédit, 1863.

[2] « .... Circumstantes villas Ecclesiæ. » — *Flodoart*. — « .... Rura circumquæque depopulatur. » — *Richer*, loco citato.

dation avant le xie siècle, époque à laquelle nous verrons que son château-fort et son église remontent.

Disons de suite que la dénomination moderne de Chouilly n'est qu'une forme altérée de ce qu'elle était à l'origine.

Ce village, cité plus tard comme bourg ayant droit de fermeture, est appelé *Choelo* en 1187 (tit. de l'abbaye de Saint-Sauveur de Vertus, — archives de la Marne); *Choeli* en 1190 (tit. des commanderies du Temple de la Neufville et de Maucourt, — arch. de la Marne); *Choolly* en 1224 (tit. de fondation de l'abbaye d'Argensolles); *Choilleyo* en 1312 (pouillé de Reims, — arch. adm., t. II, 2e partie, page 1122); *Cholly* en 1341 (tit. du chap. de la cath. de Reims, inv., page 36); *Cheoilly* en 1412 (recueil de poésies d'Eustache Deschamps); *Choylly* en 1478 (status decanatûs christianitatis de Sparnaco, — arch. de la Marne); *Choilly* en 1511 (compte-rendu de Pierre Debar, collecteur royal de la seigneurie et chastellenie d'Esparnay); *Choily* en 1516 (ms. sur parchemin de la collection Bertin du Rocheret, — bibl. d'Epernay); et enfin *Chouilly* en 1576 (lettres-patentes du roi Henri III, — arch. communales).

Si l'auteur du *Dictionnaire des communes*[1] avait puisé à ces sources, la pensée ne lui serait pas venue de tirer l'étymologie de Chouilly des mots latins *campus uviliacus*, territoire vignoble, dont on aurait fait, selon lui, *Chovilly*, puis *Chouilly*, supposition au moins gratuite, et partant très-contestable.

Car, dès qu'il est avéré que les plus anciennes chartes du moyen-âge écrivent régulièrement *Choeli*, dont *Choelo* est une désinence ablative, comment admettre que la finale *eli* dérive, même par voie de syncope, du qualificatif *uviliacus*, si ingénieuse d'ailleurs que puisse être cette épithète appliquée au temps présent?

Il nous semble plus naturel et plus conforme aux documents primordiaux, les seuls qui doivent guider en cette matière, de lire *campus elatus*, territoire élevé; ou encore, *castrum elatum, castellio,* à raison du château construit sur la butte, et sous la protection duquel les habitants du lieu s'empressèrent d'abriter leurs demeures.

Au reste, il ne faut pas s'exagérer la valeur réelle

---

[1] M. Chalette. — Page 10

des étymologies. Pour quelques-unes qui « paraissent avoir le cachet de la vraisemblance, » les autres « ne sont souvent que des jeux de l'esprit [1] » où la vérité historique n'a rien à recueillir.

La multiplicité des fiefs au xe siècle eut pour effet immédiat la multiplicité des châteaux-forts.

Après les terreurs de l'an mil, ce besoin d'édifier recevait une impulsion nouvelle. Tout homme d'armes voulut avoir sa petite forteresse, ne fût-elle composée que d'une seule tour.

Il n'est pas douteux que les seigneurs de *Choeli* n'aient eu leur castel, et que ce castel n'ait été dressé sur la pointe d'un cap formé par la jonction de la vallée et d'une excavation naturelle située à l'ouest.

Mais aujourd'hui qu'on ne le voit plus, comment parvenir à des notions précises sur son ancienne et primitive disposition ? Là était la difficulté.

A défaut de ruines subsistantes, des fouilles ont été faites, de poudreux manuscrits compulsés, tous les souvenirs religieusement évoqués.

[1] *Notions sur les communes du département de la Marne.* — Mémoires de la Société académique. 1861. 2e partie, page 6.

Le résultat, sans être complet, est aussi satisfaisant qu'on eût osé l'espérer.

Et d'abord, un titre latin de l'an 1478 fixait la situation respective de la chapelle du château, devenue église paroissiale : « Præfata ecclesia *includitur in castello,* quæ benè stat [1]. »

Les anciens avaient vu démolir, en 1812, un énorme pan de mur C (V. pl. XV), aux extrémités duquel des arrachements très-visibles de matériaux semblaient n'être pas étrangers à d'autres substructions s'étendant parallèlement vers le sud.

En 1817, plusieurs arceaux D, faisant partie d'une construction B', tombaient tour à tour sous le marteau d'un impitoyable niveleur [2].

Bientôt le tracé d'un nouveau chemin de sortie

---

[1] « Ladite église, *incluse dans le château-fort*, est en bon état. » — *Status decanatûs christianitatis de Sparnaco,* Archives de la Marne.

[2] L'auteur de ce vandalisme fut un ancien boulanger d'Epernay, le sieur Michel Cannesson, né à Connigis (Aisne), le 3 septembre 1747. Devenu habitant de Chouilly, depuis le 7 pluviôse an IX (26 janvier 1801), et acquéreur de la propriété de M. Dangé-Dorçay, qui comprenait l'emplacement et les dépendances de l'ancien château, il eut soin d'en tirer tout le profit possible, et vendit à la toise les plus précieux *documents* de l'histoire du pays. Son œuvre de démolition accomplie, il trépassa le 13 avril 1823, dans la 76ᵉ année de son âge.

démasquait l'orifice I d'un puits qu'il devint nécessaire de combler.

Aujourd'hui encore, une galerie souterraine F, de 2 mètres 50 de largeur, voûtée en berceau, relie le mur extérieur du cimetière à la tour de l'église, et s'engage, par une descente de dix-sept marches, dans la crypte F' de 3 mètres 40 de largeur, qui règne sous la nef, depuis le portail jusqu'au chœur.

De fréquents affaissements dans les terrains inférieurs autorisent à croire que cette galerie se prolongeait jusqu'à la construction B.

Sur le talus du fossé G, qui existe également, bien qu'aux trois quarts rempli, on observait, en 1862, les vestiges d'un glacis ou mur en contre-escarpe solidement maçonné.

Enfin, la ligne G, occupée par des jardins, n'est apparemment qu'une terre de rapport comblant la tranchée d'un fossé qui aboutissait à la rivière, près de l'abreuvoir actuel. Comme preuve de cette assertion, on peut remarquer de vigoureux arbres fruitiers dont les racines, à quelques mètres plus haut ou plus bas, toucheraient infailliblement le banc calcaire.

Ces renseignements nous ont permis de reconstituer un plan d'ensemble, dont voici le développement probable.

Au sommet A du triangle curviligne formant l'aire de la *motte*, se trouvait le *donjon* (domus junctæ) ou demeure du commandant.

Placée au centre de la cour, la *chapelle* était flanquée de deux *communs* B, B', et communiquait avec l'un d'eux par la galerie souterraine F et la *crypte* F'.

Le côté nord-est s'appuyait sur un escarpement abrupt L' L", de 24 mètres de hauteur, outre le cours du ruisseau qui en baignait le pied.

Le fossé G et les pentes rapides L isolaient suffisamment l'ouest.

Quant à la face sud-est, de niveau avec la plaine, elle était protégée par le large fossé G', que couvrait encore le glacis E.

Il était facile de défendre l'accès K au moyen d'un *pont-levis* et d'une *barbacane* postée en H.

D'ailleurs, une poterne débouchant dans le creux du fossé G', vis-à-vis de la *Vieille-Chaussée*, devait favoriser les rapports avec le puissant château de Marcuil, sans trop compromettre la sûreté de la place.

Maintenant, que l'on compare ces détails avec l'ordonnance bien connue des châteaux du xie siècle[1], l'analogie paraîtra frappante.

Après huit siècles de révolutions qui ont bouleversé le manoir féodal et englouti ses derniers maîtres, l'église seule est encore debout, recevant dans son enceinte les générations nouvelles.

Ainsi, la maison de Dieu traverse les orages de tous les temps pour donner asile aux hommes agités par les inquiétudes de la vie présente, ou animés de l'espérance de la vie future.

Ce n'est pas, certes, un monument de luxe; il est même très-pauvre, si on le met en parallèle avec les imposantes tours romanes de Mareuil ou d'Athis, avec les proportions grandioses du chœur de Damery, ou bien la délicieuse abside de Plivot. Et, toutefois, l'intérêt qu'il inspire lui a valu d'être noté le 18 juin 1843, par le comité archéologique d'Epernay.

Sauf, en effet, l'arc triomphal et une chapelle gothique de la seconde moitié du xve siècle; les

---

1 V. M. de Caumont. *Histoire sommaire de l'architecture du moyen-âge* — M. Oudin. *Manuel d'Archéologie*

murs des collatéraux relevés dans les dernières années du xvıı⁰ siècle; la fenêtre à entourage de briques remplaçant, depuis 1760[1], l'un des oculus du portail; et les lourds contre-forts de sûreté qui déshonorent la tour plus qu'ils ne la soutiennent ; l'église de Chouilly est telle aujourd'hui que le xı⁰ siècle nous l'a transmise.

Son plan (V. pl. XIX), qui se rapproche beaucoup de celui de la basilique latine, est orienté, à trois nefs, sans transepts, et mesure 27 mètres en longueur sur 13 mètres en largeur.

Destiné à servir de citadelle, il convenait que cet édifice n'offrît au-dehors que des ouvertures étroites, rares surtout. Celles du portail se réduisirent aux deux œils-de-bœuf ou oculus de ses ailes.

Affrontée en légère saillie au centre, une tour carrée, assez basse, se termine par un toit pyramidal très-obtus, à quatre pans et sans élégance. Trois de ses faces sont percées de fenêtres géminées, ou arcades jumelles, séparées par une colonnette romane, et inscrites dans un plein-cintre de plus grand diamètre.

[1] *Procès-verbal de visite administrative*, 6 mai 1760 — Archives de la Marne.

La baie de la porte, simple arcade semi-circulaire en retraite, est surmontée d'une double archivolte reposant sur quatre colonnes à chapiteaux capricieusement décorés (V. pl. XXIII, fig. 1, 2, 3 et 4).

A l'intérieur, un porche (V. pl. XXI) occupe la partie basse de la tour, et rappelle assez bien l'*atrium* basilicaire, par la symétrique disposition de ses colonnes et de ses pieds-droits alternés.

En 1672[1], il tenait encore lieu de baptistère.

Sa voûte consiste dans le croisement de deux arceaux toriques divisant l'espace en quatre portions égales, et dont la retombée s'appuie sur le tailloir d'autant de colonnes engagées dans les angles. L'intervalle des arêtes est garni en blocage.

Ici, comme au portail, le génie fantastique de l'artiste s'est plu à recouvrir ses chapiteaux de feuillages lancéolés ou palmés, de volutes, de chevrons, de masques humains, de losanges tracés en creux, d'étoiles à huit branches, etc. (V. pl. XXIII, fig. 5 et suiv.).

Un signe non moins caractéristique de l'époque est la triple arcade en fer à cheval précédant la

[1] *Procès-verbal de visite administrative.* 2 juin 1762. — Archives de la Marne.

grande nef (V. pl. XXI). Celle-ci mérite l'attention de l'archéologue.

Elle n'a jamais eu qu'un plafond. Les arcades semi-circulaires qui la mettent en communication avec les bas-côtés sont soutenues par deux rangs parallèles de massifs piliers carrés (V. pl. XXI), sans socles ni chapiteaux, et ornés seulement, au-dessous du tailloir, d'un astragale, d'une gorge, ou même d'un câble en guise de corniche (V. pl. XXIV, fig. 15, 16, 19 et 20).

Au-dessus des arcades de la nef sont les petites fenêtres de la claire-voie, également à plein-cintre, et assez élancées dans l'intérieur. Depuis une trentaine d'années, il y a lieu de regretter que leur baie ne reçoive plus le jour, par suite de modifications apportées dans la couverture des combles.

Une voûte en berceau domine le chœur.

Mais la partie la plus curieuse est sans contredit l'hémicycle absidal.

Voûté en manière de *conque* ou de *cul-de-four*, il est éclairé par trois fenêtres à meurtrières, dont la principale est couronnée d'un tore reposant sur deux colonnettes engagées. Leur baie présente cette anomalie, que la centrale incline à gauche, et que celle de droite est d'un tiers plus large que sa correspondante.

Pourquoi cette inclinaison et cette inégalité? Serait-ce une imperfection dont l'architecte n'a pas su se garantir? Evidemment, non.

Dans cette apparente irrégularité, on ne doit voir qu'une de ces nombreuses allégories du symbolisme chrétien, qu'il n'est pas toujours facile d'interpréter.

Mais ici l'allusion devient palpable.

Pour l'artiste religieux, le temple du sacrifice était la croix même du Sauveur. Or, il s'agissait d'exprimer ces paroles de l'Evangile : « Et, inclinato capite, tradidit spiritum [1]. » Ce que devaient marquer dans la suite les croisillons des transepts et la déviation de l'axe longitudinal. En attendant, la disposition ternaire des fenêtres de l'abside, l'inclinaison de celle du milieu, la disparité des deux autres servirent à figurer Jésus-Christ, accompagné de la Sainte-Vierge et de saint Jean.

La Chouette aux ailes éployées qui orne l'un des chapiteaux de la baie *dominicale* est encore une

---

[1] « Et, ayant incliné la tête, il rendit l'esprit (*Joann*. XIX. 30). »

image expressive de la tendresse vigilante du divin Crucifié.

Quand on nierait la signification mystique de ces ouvertures, leur rayonnement autour de l'autel produit toujours un admirable effet.

Ces quelques mots nous ont paru nécessaires pour l'intelligence de l'architecture au moyen-âge.

Les deux contre-forts du chevet sont peu saillants, à trois ressauts avec larmier terminal. Un modeste cordon de pierre tient lieu d'entablement et contourne l'extérieur.

Observons aussi le décroissement dans l'élévation des trois parties principales de l'église : le chœur plus bas que la nef, et l'abside moins élevée que le chœur.

La chapelle de la Sainte-Vierge n'est que le prolongement du collatéral gauche jusqu'à la naissance de l'abside. Elle est également voûtée en berceau continu, à partir d'une arcade semi-circulaire (Voir pl. XXI) placée sur l'avant, et soutenue par deux pilastres à corniche, de même genre que les piliers de la nef.

Il est fâcheux que les restaurations successives des bas-côtés aient gâté leur fénestration primitive, en substituant à la baie-meurtrière une évasure sans goût et sans caractère.

Le xve siècle nous dira quelle part lui revient dans les modifications et agrandissements du collatéral droit.

Telle est, en résumé, la valeur architectonique de l'église de Chouilly. C'est le style roman de la première moitié du xie siècle, ou, si l'on veut, le romano - bysantin - primaire, avec ses proportions lourdes, avec son ornementation fantastique, sinon grossière.

Et puisqu'il est certain que sa fondation se rattache à celle du château - fort lui - même, nous sommes donc naturellement reportés vers les temps antérieurs à l'héroïque prise d'armes de la première Croisade (1096).

CHAPITRE VII

1187-1280

Relations administratives de Chouilly. — Noms et œuvres pies de ses premiers seigneurs.

Dans l'ordre ecclésiastique, le village de Chouilly était l'une des 690 paroisses de l'archidiocèse de Reims[1], qu'il limitait au sud, et faisait partie des 36 paroisses du doyenné d'Epernay.

Dans l'ordre civil, Chouilly, avant la Révolution, ressortissait du parlement de Paris, de l'intendance de Châlons, de l'élection et subdélégation, bailliage et prévôté, seigneurie et châtellenie d'Epernay.

Depuis 1509, la coutume de Vitry, qui régissait le *Partois,* fut celle que suivit Epernay[2], et par conséquent Chouilly.

La pièce la plus ancienne qui ait trait à l'histoire de Chouilly ne remonte pas au-delà de l'année 1187, de sinistre mémoire.

[1] Il en fut distrait, en 1822, pour être incorporé au nouveau diocèse de Châlons, avec le canton d'Epernay.

[2] *Déclaration aux Etats de Vitry,* 20 mai 1744, par Bertin du Rocheret, député général de toute la châtellenie

« La Ville-Sainte venait de tomber au pouvoir de Saladin ; un cri d'indignation retentit dans toute l'Europe. L'empereur, le roi de France et celui d'Angleterre prirent la croix. Le comte de Champagne, Henry Ier, suivi de ses vassaux, devait accompagner Philippe-Auguste. »

Parmi ces preux de l'Occident, nous retrouverons les deux fils du seigneur de Choeli.

Cette année donc, 1187, leur frère Hugo, ou Hugues de Choeli, figurait comme témoin dans une charte de donation faite à l'abbaye de Saint-Sauveur de Vertus, par Guy ou Guidon, sire de Germinon et de Trécon, lequel « ayant pris la croix en vue de l'éternel salut de son âme, voulut, au moment de partir pour la Jérusalem terrestre, mériter l'entrée de la Jérusalem céleste[1]. »

Le nom de Hugues de Choeli reparaît l'année

---

d'Epernay. — Nous avouons ne pas comprendre après cela comment M. Edouard de Barthélemy, dans son *Histoire du diocèse ancien de Châlons*, t. II, peut avancer que la ville d'Epernay fut soumise à la coutume de Vertus, rédigée de 1481 à 1505.

[1] « .... Crucem habens, justè et religiosè cogitans de sue anime perpetua salvatione, ut qui terrenam Ierusalem erat profecturus, celestem intrare mereretur. » — *Archives de la Marne*.

suivante, 1188, dans la charte de donation d'un autel, *altare*[1], de Driencourt[2], par le cardinal Guillaume de Champagne, 51ᵉ archevêque de Reims, mort en 1202[3].

Cependant, le siége d'Acre ou de Ptolémaïs, en Palestine, traînait en longueur et présageait un désastre.

Dans ces circonstances critiques, et sous les murs mêmes de la ville assiégée, deux combattants, Guy et Odon de Choeli, songèrent à se rendre le ciel favorable en faisant des largesses à l'ordre militaire des Templiers.

La charte de donation, datée de l'an 1190, se trouve parmi les titres de la commanderie du Temple de la Neufville et Maucourt[4]. Elle et quelques autres

[1] On appelait ainsi une paroisse donnée par un évêque à quelque monastère, à charge de la faire desservir par des religieux, ou d'y prélever la *portion congrue* en faveur d'un prêtre séculier. — V. Louis d'Héricourt. *Lois ecclésiastiques*. vol. in-fol, 1756, page 593.

[2] Aujourd'hui Dricourt, commune de Leffincourt (Ardennes).

[3] *Archives administratives de Reims*, par Pierre Varin, t. 1ᵉʳ, page 410.

[4] *Archives de la Marne*, liasse concernant les Templiers. — Le village de la Neufville, qui se trouvait entre Saint-Etienne-au-Temple et la Veuve, n'existe plus ; celui de Maucourt forme la rue des Tanneurs du moderne Vitry-le-François.

méritent d'être citées, à raison de leur importance, et plus encore de l'intérêt qui s'attache à ces vénérables débris d'un autre âge.

« Au nom de la sainte et indivisible Trinité. Nous, frères Guy et Odon de Choeli, à tous présents et futurs, savoir faisons que du plein consentement de Hugues, notre frère, en vue de Dieu, pour le salut de nos âmes et de celles de nos parents et prédécesseurs, nous avons librement et sans captation donné aux frères de la Milice du Temple, pour en jouir à perpétuité, LX sous[1] de revenus annuels sur le comptoir d'Esparnay, avec l'assentiment de Henry, comte palatin de Troyes, au profit duquel sont réputés versés lesdits LX sous, à prendre sur XIII livres que nous touchions à Esparnay. Des susdits LX sous annuels, la moitié sera versée à la Pâque du Seigneur, le reste à la fête de Saint-Remi. Et afin que cet acte demeure inviolable et respecté, nous voulons qu'il soit revêtu du sceau dudit Henry, comte palatin de Troyes, et de celui de Hugues, notre frère. Fait au siége d'Acre, l'an M C LXXXX, de la main du frère Amion d'Ais

[1] Le sou, vingtième partie de la livre, équivalait à cinq francs de notre monnaie.

(Ay), sénéchal de la Maison du Temple; du frère Gerbert, grand-maître de la même Maison ; du frère Rorice, du frère Erchaud ; en présence de Guy de Dampierre, de Guy de Châtillon, de Guy de Germinon. Signé Radulphe. [1]. »

Pour le chevalier Hugues de Choeli, ce fut un point d'honneur de ne pas se laisser vaincre en générosité par ses deux jeunes frères vis-à-vis d'un ordre si aimé des Champenois, à cause de Hugues de Payens, son fondateur (1118), et de l'illustre abbé de Clairvaux, saint Bernard, rédacteur de sa règle (1128).

Dès l'an 1191, il s'adressait à l'archidiacre de Reims, Rothard du Perche [2], évêque élu de Châlons, dans le diocèse duquel se trouvait l'établissement donataire, et lui faisait rédiger la charte suivante :

« R., par la grâce de Dieu, évêque élu de Châlons, à tous ceux qui ces lettres recevront, salut en Notre-Seigneur. Sachent tous que Hugues de Choeli s'étant présenté devant Nous, a donné en aumône,

---

[1] Voir à l'article II de l'*Appendice* le texte latin de cette pièce et des suivantes.

[2] Rothard ou Rotrou occupa le siège de Châlons de l'an 1195 à l'an 1200.

du consentement de Hersende, sa femme, et pour le salut de son âme, concédé à perpétuité aux Templiers : ses terres, moulins, maisons, broussailles, vignes, cens, revenus et meubles, en un mot, tout ce qu'il possède sans aucune réserve. L'un et l'autre ont confirmé cette donation entre nos mains et sous la foi du serment, à cette clause qu'ils posséderont toute leur vie ce qu'ils ont donné aux Templiers, et que pour l'investiture et récolement octroyés à ces Religieux, des maisons, dépendances et terres, quelque part qu'elles soient, ils s'obligent à payer annuellement auxdits Templiers, cinq sous pour un moulin à blé, une mesure de froment pour un moulin à foulon, six deniers pour les vignes, un demi-muid de vin au temps des vendanges et à la Saint-Remi. A la mort de l'un ou de l'autre conjoint, les Templiers entreront en jouissance paisible de tous ses droits et de sa portion, c'est-à-dire de la moitié. Le survivant acquittera chaque année et aux termes fixés la moitié du revenu annuel dû aux Templiers, pour l'investiture et récolement constitués en leur faveur. Mais après le décès du dernier survivant, tout ce qu'il possédait reviendra aux Templiers, qui en jouiront en paix et sûreté. Et afin qu'aucun trouble ni éviction ne gêne dans la suite l'exécution de cette donation faite par Hugues aux Templiers, attendu que ces biens sont de notre fief, nous voulons, comme ratification de cet acte, l'approuver, le garantir, le confirmer par l'apposition de notre signature et de notre sceau ; étant témoins : Jean, abbé de Toussaints-en-l'Ile, de Châlons; Jean, abbé de Saint-Memmie; Milon, notre chapelain; Guillaume de Mitry; Itère de Braux; Girard de Provins; Jean de Fasnières; Hugues de Coole ; Girard de Jartfardelle; frère Guy Escollel; frère Gilon de Loreio; frère Milon, chapelain ; Thibault, prévôt de Châlons; Pierre, prévôt de Sarry. Fait en l'an de grâce M C quatre-vingt-onze, le huit des calendes d'avril. Donné par la main de Mathée, archidiacre et chancelier. »

Si expresse et si légitime que fût la volonté des donateurs, ces dispositions n'en parurent pas moins exorbitantes aux héritiers naturels dépossédés. Un procès s'en suivit entre Girard Legrand, chevalier; Hugues, prêtre, et ses frères d'une part, et les religieux de la Milice du Temple, de l'autre.

L'évêque de Châlons, Girard de Douai [1], intervint

[1] Mort en 1215.

comme arbitre, et en 1210, les parties adverses accédaient à une transaction passée devant lui, laquelle, attribuant aux neveux du chevalier Hugues, les deux tiers de l'héritage de leur oncle, laissait aux Templiers la jouissance et propriété du dernier tiers, avec leur quote-part de la dot d'Hersende, dès que celle-ci aurait fermé les yeux à la lumière.

De son côté, Girard Legrand, qui figurait à lui seul pour un tiers, ayant rétrocédé son lot aux Templiers pour la modique somme de vingt livres, il ne resta en définitive qu'un tiers à répartir entre le prêtre Hugues et ses frères.

En 1224, ce fut le tour des libéralités de la comtesse palatine de Troyes, Blanche de Navarre, veuve, depuis 1201, du comte Thibault III.

Dans la charte de fondation de l'abbaye d'Argensolles, établie en reconnaissance de l'arrêt obtenu pour elle et son jeune fils Thibault-*le-Chansonnier*, contre Erard de Brienne, qui leur disputait la Champagne, Blanche spécifie, entre autres donations :

« Onze fauchées de pré à Choolly, que j'ai, dit-elle, achetées de Guyot d'Esparnay ; deux fauchées de pré audit Choolly, vingt sous de cens, deux muids de vin et un septier d'avoine, provenant, par voie d'acquêt, d'Odon de Brie et de sa femme ; la vigne appelée la vigne du Comte, sur le Mont-Serrat (Saran), laquelle contient quatre arpents ; la Plante-Barre, qui contient deux arpents, et que j'ai achetée des filles Barre[1] ; la Plante-Boschet, qui contient un arpent, et qui a été achetée dudit Boschet ; la vigne de Chiefdail, qui contient trois arpents et me vient d'un legs de Milon Leclerc, de Vertus[2]. »

L'acte dont on va lire la traduction est un flagrant délit du *servage féodal*, triste reflet des mœurs païennes, que douze siècles de christianisme n'avaient encore pu effacer. Le serf, attaché à la glèbe, *addictus glebæ*, homme de corps, mainmortable, comme on voudra, était, par le malheur des temps, chose vénale, *res mercatoria*, et transmissible au gré du propriétaire.

« Maître Prior, chanoine, et J. de Berteio, official

---

[1] Une des rues de Chouilly porte encore le nom de *la Barre*.

[2] Voir à l'*Appendice* la charte de fondation d'Argensolles, collationnée par Montgérard. — *Ms, de la Bibliothèque d'Epernay*.

de Reims. A tous ceux qui ces présentes lettres verront, salut en Notre-Seigneur. Sachent tous que le seigneur Milon de Choeli et le seigneur Renaud, son frère, chevaliers, s'étant présentés devant nous, ont reconnu avoir donné en aumône, aux frères de la Milice du Temple : Jean, Renaud, Raimond, Renier et Aélide, enfants de Garin Boleng, de Mareuil, et de défunte Odéline, sa femme ; tous *hommes de corps* que lesdits chevaliers ont déclaré leur appartenir, s'engageant sous la foi du serment à ne jamais, par soi ou par un autre, rien réclamer ni faire réclamer au sujet desdits enfants, avec garantie particulière offerte aux frères du Temple, qu'ils sont hommes à leur obéir en toute chose. Lesdits chevaliers ont promis de faire agréer, ratifier et approuver cette aumône par le seigneur Robert de Coucy, le seigneur Roger de Rosières et sa femme, et par Simon, fils de Cléopas. De plus, le chevalier Milon a promis, sous le même serment, de faire reconnaître et approuver ladite aumône par sa femme, affirmant répondre de sa personne, que son épouse n'élèvera aucune réclamation au sujet de cette aumône, à raison de sa dot ou autrement. Lesdits chevaliers ont fait preuve d'une extrême bonne foi en livrant toute cette aumône, que Jean Leclerc de Choeli, du fief duquel cela mouvait, a laissé transférer aux susdits frères du Temple. Le seigneur Jean de Cocaus, chevalier de Mareuil, a été déclaré caution par lesdits chevaliers donateurs, à titre de légitime garantie de toutes leurs promesses. Fait en l'an du Seigneur M CC vingt-cinq, au mois de mai. »

A quelque temps de là (1229), le même chevalier Milon de Choeli aliénait, au profit de la pieuse fondatrice d'Argensolles, la moitié d'une terre située à Berru, et dont les cinquante sous parisis de revenus servirent depuis à l'acquit du service anniversaire célébré chaque année dans la cathédrale de Reims, le IV des ides de mars, pour le repos de l'âme de la bonne comtesse[1].

La seconde moitié de cette terre de Berru fut vendue au chanoine Etamfred, diacre de l'église de Reims, et les cinquante sous de revenus annuels consacrés à une fondation analogue, que l'obituaire du chapitre métropolitain mentionne pour le v des calendes d'avril[2].

---

[1] « ..... Bone memorie comitissa trecensis. » *Necrologium ecclesie remensis*, anno 1260.

[2] *Ibid.* — Arch. législ. de la ville de Reims, IIe partie, *Statuts*, 1er vol., p. 72 et 74.

Déjà, vers cette époque, les chanoines réguliers de Toussaints-en-l'Ile, de Châlons [1], possédaient des biens à Chouilly.

L'inventaire, dressé en 1667, par ordre de l'abbesse Marie-Éléonore Brullart de Sillery, « des titres qui se treuvent ès chartres de l'abbaye d'Avenay », contient « une lettre en parchemin de Jacques, évesque de Soissons, donnée soubz son scel, l'an mil deux cent vingt-cinq, au mois d'avril, portant qu'en sa présence, Thierry de Voucies(?), fils d'Hervé de Pierre-du-Pont, chevalier, reconnoit avoir vendu à l'église Saint-Pierre d'Avenay tout ce qu'il avoit à Choilly, *tant en hommes, qu'en terres et autres choses*; vendition approuvée de Voucies, chevalier; de Martin et Regnaut, frères dudit Thierry [2]. »

Nous allons voir les Bénédictins d'Hautvillers s'arroger, au xiv⁰ siècle, des droits bien autrement importants, qu'ils prouveront leur appartenir en la *ville* de Chouilly.

---

[1] Voir Charte de Samson, archevêque de Reims, et de Guy, évêque de Châlons, 1144. — *Archives de la Marne*, Invent. des titres de l'abbaye de Toussaints, 1770.

[2] Textuel. — *Archives de la Marne*, liasse concernant l'abbaye royale d'Avenay.

CHAPITRE VIII.

1312-1373.

Revenus de la cure et patronage de l'église de Chouilly. — Conflit entre le seigneur Jean de Marigny et les religieux d'Hautvillers. — Scandaleux exploits d'un routier de *Choolly*.

Le pouillé de Reims, dressé en juin 1346, évalue à trente livres les revenus de la cure de Chouilly, et à trente sous le produit moyen des dîmes [1].

Un autre pouillé [2], qu'on croit remonter à l'année 1312, nous apprend que l'église a pour vocable Saint-Martin, et pour *patron* l'abbé d'Hautvillers; qu'il existe, en outre, dans cette paroisse une chapelle dédiée à Notre-Dame et soumise au même patronage [3].

---

[1] *Archives administratives de Reims.* t. II. 2ᵉ partie page 1122.

[2] *Ibid.*

[3] Elle faisait partie des bâtiments de l'Hôtel-Dieu, ou Maladrerie, établi au sud-est de Chouilly, et dont il sera parlé plus loin.

Il appartenait au patron de *présenter* à la cure et de percevoir une partie des dîmes : double privilége que les capitulaires reconnaissaient à tout fondateur d'église au moyen-âge.

Quand et comment les châtelains de Choeli avaient-ils été amenés à s'en dessaisir?

Nul acte ne l'établissait.

Dès lors, le seigneur Jean de Marigny se crut en mesure de rentrer dans tous ses droits. Mais il avait compté sans la *prescription légale*, dont le bénéfice fut victorieusement invoqué contre lui; comme il appert d'un « ancien titre en parchemin datté du mardy avant la feste de l'Ascension mil trois cent soixante-treize, portant que lesdits sieurs abbé et religieux étoient en bonne saisine et possession contre Jean de Marigny, escuyer, sire de Chouilly, à cause de *leur église*, tant par eux que par leurs prédécesseurs, par tel temps, et si longtemps, qu'il n'étoit mémoire du temps, de prendre et percevoir chacun an, en la ville de Chouilly, la quarte partie de toute la grande dixme, tant en bled comme en vin et autres choses quelconques, et aussy les deux parts de toutes les menues dixmes de toute laditte ville, et les deux parts des offrandes aux jours annuels, avec ce, en possession et saisine de six fauchées de prez séant en la prairie de Chouilly, et d'autres droits détaillés en laditte charte, laquelle contient l'accord fait entre lesdits sieurs abbé et religieux d'Hautvillers et ledit seigneur de Marigny, par lequel il est dit que lesdits religieux demeureroient en saisine et possession à toujours et perpétuellement, de toutes les choses dessus dittes, excepté quelques droits de cens et autres à Mareuil et terroirs voisins [1]. »

Ainsi finit le démêlé.

Son issue fut loin d'avoir le retentissement des faits et gestes du trop fameux Guiot de Choolly et de sa bande, dignes avant-coureurs des *Jacques* et des *Routiers*.

L'archevêque de Reims va relater lui-même les circonstances de cette scandaleuse affaire :

« Humbert, par la grâce de Dieu, patriarche d'Alexandrie, administrateur perpétuel [2] de l'église

---

[1] Textuel. — *Archives de la Marne*, 25ᵉ liasse de l'abbaye d'Hautvillers, *Inventaire des titres*, 1612.

[2] Humbert, dernier Dauphin de Vienne, ayant perdu son fils unique et sa femme, Marie, troisième fille de Philippe-le-Long, céda ses Etats et sa souveraineté à Philippe de Valois, son parent, prit l'habit de Saint-Dominique, à Lyon, et fut élevé sur le siége de Reims, qu'il occupa de 1352 à

de Reims, et ancien dauphin de Vienne, à nos chers officiaux de Reims, salut. Quelques malfaiteurs sacrilèges ayant, par une odieuse perfidie, enlevé, ravi de force et indignement pillé les reliques, sanctuaires[1], châsses et images saintes de notre église de Reims, avec leurs ornements et autres objets précieux qui étaient promenés (*circumferebantur*) dans l'étendue de notre diocèse et province, au profit de l'œuvre de la fabrique de ladite église, et pour recueillir les offrandes, les legs et les aumônes des pieux fidèles ; sans avoir épargné les porteurs et les trésoriers eux-mêmes, que dans leur atroce et barbare scélératesse, ils ont traînés avec leur butin hors de notre diocèse et province, et même hors du royaume de France, faisant subir à ces infortunés porteurs et trésoriers les horreurs de la plus dure captivité, ajoutées à ce que l'affliction, les angoisses, l'effroi des menaces et des tor-

---

1355. Il est appelé administrateur perpétuel de cette église, parce qu'il possédait d'autres bénéfices ; il en avait un *in titulum*, le patriarcat d'Alexandrie, et plusieurs *en commande*.

[1] On appelait ainsi le trésor de l'église. L'expression *feretra*, que nous avons traduite par *images saintes*, signifie littéralement les *brancards* destinés à porter les châsses ou les statues.

tures, la faim, la soif, les privations de toutes sortes,
ont de plus poignant et de plus douloureux ; jusqu'à ce que, par un trait de cruelle audace, ils les
eussent contraints à se racheter au prix de grosses
sommes d'argent ; en sorte qu'après les avoir dépouillés de leurs biens, et, ce qui est plus infâme et plus horrible, les avoir privés à jamais,
si Dieu n'y obvie, des forces et de la santé du
corps, ces insignes malfaiteurs détiennent encore
les susdits sanctuaires, reliques, châsses et images
saintes, avec les autres objets précieux.... Emu des
cris de commisération de bon nombre de fidèles, et
surtout de ceux de nos chers fils en Jésus-Christ,
les prévôt, doyen et procureur, outre les graves
doléances de nos autres frères et trésoriers de notre
dite église de Reims, nous ne pouvons ni ne devons
couvrir du manteau de la dissimulation d'aussi
criminels, exécrables et indicibles attentats. C'est
pourquoi nous mandons et ordonnons à vous et à
chacun de vous, que, contre ces hommes sacrilèges,
et chacun d'eux, leurs complices, et quiconque leur
prêtera assistance, conseil ou protection, vous procédiez selon la teneur et forme des constitutions
provinciales et autres, comme il sera de raison ; et

que, selon la mesure et l'énormité de leurs crimes, vous les punissiez de telle manière, que leur sang ne soit point redemandé de nos mains ni des vôtres, que les autres tremblent d'imiter leurs forfaits, et que leur châtiment serve d'exemple à tous; réclamant l'appui de nos révérends pères et seigneurs les archevêques et évêques, qu'il vous paraîtra expédient, et invoquant au besoin le secours du bras séculier. Donné à Vincennes[1], près Paris, le 22 juin, l'an du Seigneur mil trois cent cinquante-trois[2]. »

Le nom du principal coupable ne tarda pas à être connu : c'était un nommé Guiot, de Choolly.

Réfugié avec ses malandrins dans la ville de Nancy, capitale de la Lorraine, il osait y retenir *en gage* l'un des employés de la métropole si indignement rançonnée.

Grâce au crédit et à l'intervention du gouverneur de ce duché, le captif fut enfin relaxé. L'archevêque Humbert en exprime sa satisfaction par une lettre

---

[1] Le duc Pierre de Bourbon, comte de Clermont et de la Marche, avait fait don à Humbert de ses maisons sises au bois de Vincennes.

[2] *Bibl. imp. Ms. Reims. cart. III, art. Humbert de Viennois.* — V. le texte latin à l'art. III de l'*Appendice*.

qui nous montre ce qu'était alors la langue d'*oïl*, ou idiôme vulgaire :

« C'est autrestant (c'est la copie) de la lettre que monsigneur de Reins bailla à Renaut li Roy pour envoyer en Lorraine [1].

» A tous ceulz qui ces présentes lettres verront et orront, Humbers, par la grâce de Dieu, patriarche d'Alixandrie, administrateur perpétuel de l'église de Reins, et ensien daufin de Viennois, salut en Nostre Seigneur. Comme Renaut dis li Roys, nostre justiciable citoyen de nostre cité de Reins ait été prins entre Reins et Chaalons par Guiot dit de Choolly et ses complices, et menoz hors dou royaume de France, en la duchée de Lorraine ; pour la délivrance douquel, comme pris déraisonnablement, nous aions escript à nostre bien amé Brocart de Fénestranges, gouverneur de la duchée de Lorraine, et au baillif dudit lieu, que nostre dit citoyen vousissent bien délivrer et ses biens rendre, liquels, pour les choses dessus dites, comme pour le roy nostre sire qui escript leur en a, et aussis pour contemplacion et requeste de nous, aient délivré à

[1] *Archives administratives de Reins*, t. III, pages 40 et suivantes.

plain le corps et les biens dudit Renaut nostre citoyen ; sachent tuit (toti) que tant pour les causes dessus dites comme pour ce que lidis Renaus a été amiablement et convenablement traitiez audit pays, pour la délivrance de celi, ayons acordé et acordons que au duc, à ses gens, au pays de ladite duchée, ne aus soustriteurs (détenteurs) d'icelluy Renaut, domages ne meschiez ne sera fais, ne portez par nous ou nos gens, en aucune manière, pour occoison (à l'occasion) des choses dessus dites, exceptés les preneurs. En témoignage de ce, nous avons fait sceller ces présentes lettres du scel de nostre secreit (secrétaire), qui furent faites à Reins le lundi prochain après feste de Toussains, l'an mil CCC LIII. »

D'autre part, l'échevinage protestait de ses bénévoles intentions, en des termes qu'il convient également de rapporter :

« C'est autrestant de la lettre qui fut baillié au Renaut li Roy, et fut consillié par pluseurs bourgeois ci-dessous nommez :

» A tous ceulz qui ces présentes lettres verront et orront li eschevins du ban de révérend père en Dieu monsigneur l'archevesque de Reins, salut.

Comme Renaus dit li Roys, nostre chiers et bien améz habitans dudit ban, eust esté prins entre Reins et Chaalons par Guiot de Choolly et ses complices, si comme on dit, et menez en la duchée de Lorraine, depuis, nous ayans entendu par la relacion dudit Renaut que par delà il a esté courtoisement traitiez et demenez et favorablement délivrez avecques tous ses biens, de coy nous mercions tous ceulz qui envers li si amiablement se sont portez; sachent tuit que nous, considérans les choses dites, n'entendons à faire ou pourchessier, ni ne ferons ou pourchesserons à très noble prince haut et puissant le duc de Lorraine, à son pays, à ses gens de ladite duchée, ni aus soustriteurs doudit Renaus acuy (*sic*, aucun?) grief ou domage en quelque manière que ce soit, pour cause des choses dessus dites. En témoing de ce, nous avons mis le scel de nostre eschevinage en ces présentes lettres, données à Reins le XVIIe jour de novembre l'an mil trois cens cinquante et trois.

» Laquelle lettre, qui fu baillié à Renaut li Roys pour envoyer en Lorraine, quand il fut revenus de Nansy où il avoit esté menez par Guiot de Choolly, fut consillié avant que on le bailliat audit Renaut, par le conseil de pluseurs personnes ci-dessous nommées.

» *Premiers.* De Thomas le Pois, Thomas Buiron, Thomas Maigret, Robert de Chaumont, Jehan Viellart, Ernoul Alart, Gérard Cunchiar, Garin Cochelet, Constan le Chastelain, Colart Coquelet, Bauduyn de Saint-Remi, Henri le Juis, Jehan de Nantheul, et aultres. »

Ici s'arrêtent les renseignements sur Guiot de Choolly.

En vain donc voudrait-on savoir la fin de ce dangereux bandit, et s'il parvint à sauver sa tête du châtiment dû à ses crimes. De plus terribles fléaux allaient fondre sur le pays.

CHAPITRE IX.

1418-1511.

Misères publiques. — Le château-fort de Chouilly démantelé par les Anglais. — Erection d'une chapelle gothique. — Décimateurs et charges des bénéficiers. — Noms des anciens curés de Chouilly.

Nous touchons à une époque bien triste. L'Eglise, partagée en deux camps par le schisme d'Avignon ; un roi imbécile, les frontières envahies par l'étranger, la France menacée de devenir province anglaise, la faction des Armagnacs et celle des Bourguignons armées l'une contre l'autre, les campagnes en proie aux incursions d'une soldatesque affamée et aux brigandages cent fois plus redoutables des Grandes-Compagnies, des Routiers, des Tard-venus, des Ecorcheurs, des Retondeurs; tous ces désordres réunis signalèrent la fin du xiv⁰ siècle et la première moitié du xv⁰. Le Rémois en particulier subit l'affreux contre-coup de ces commotions sociales.

Il faut entendre les accents découragés du poëte virtunois, Eustache Deschamps, et sa touchante complainte sur les malheurs de cette portion de la Champagne :

> « Ne voiz tu pas devers Cheoilly
> Valez armez à grans tropiaulx
> Qui sont de poulaille garny,
> Qui tuent brebis pour les piaulx,
> Qui robent et font leurs aviaulx,
> Detelent chevaux et jumans
> Et dient qu'ils viennent du Mans,
> Et vont logier emprès Châlons.
> Laisse tout; après eulx allons,
> Tels gens sans pain ont leur pain cuit,
> Nous ferons quanque nous voulerons :
> Qui voit gens armez chascun fuit. »

La forteresse de Moymer (Mont-Aimé) successivement prise et reprise par les troupes du dauphin (Charles VII) et celles du sire de Châtillon, capitaine de Reims pour les Bourguignons et les Anglais, depuis 1419, fut enfin investie, en 1423, par le comte de Salisbury, qui s'en empara après quatre mois de siége et la fit démolir.

« De là, poursuit l'historien dom Marlot [1], on fut au chasteau de la Folie dessus Braine, au Mont Nostre-Dame, *à Mareuil,* à Tours-sur-Marne, *et aux autres places qui furent ruinées* aux dépens de la ville de Reims... »

C'est dire assez clairement que le château-fort de Chouilly, commandé par celui de Mareuil, et à cheval sur la grande voie de Reims au Mont-Aimé, fut occupé par l'ennemi, puis succomba comme les autres, sauf à se relever partiellement après la providentielle délivrance du joug anglais, par l'héroïne inspirée Jeanne d'Arc [2].

Les années de calme qui suivirent la paix du 16

---

[1] *Histoire de l'Eglise de Reims* 4° vol., p. 169. — Reims, 1847, édition publiée aux frais de l'Académie de cette ville.

[2] Où donc l'auteur de l'*Histoire de la ville d'Epernay*, t. Ier, page 192, a-t-il puisé les détails qu'il donne sur un prétendu siége de cette ville par la *Pucelle d'Orléans*; le tout farci d'épisodiques *aventures, stratagèmes* et *carnages* non moins apocryphes que le siége lui-même ? — Oncques ne vit, la vaillante Jeanne, les murs d'Epernay, ni *la route qui mène à Chouilly* !

octobre 1435, entre le roi Charles VII et le duc de Bourgogne, furent employées par les seigneurs de Chouilly à l'agrandissement de l'église, devenue insuffisante pour les besoins de la paroisse.

En 1467 [1], une chapelle de style ogival flamboyant (V. pl. XXV) s'élevait à l'extrémité du collatéral sud.

Les massifs piliers carrés firent place à des colonnes cylindriques, à bases octogones, sans chapiteaux ni tailloirs, mais surchargées de pesants dais à pinacles et de culs-de-lampe, dont l'un porte le double écusson des fondateurs [2].

Plus haut, viennent s'amortir les nervures prismatiques et très-saillantes des arcs-doubleaux et des arceaux de la voûte.

---

[1] Cette date se lit sur l'un des contre-forts.

[2] Le principal : parti de la première moitié de... ... à la demi-croix de... .. ..., cantonnée en chef d'une molette d'éperon de... ....; et de la seconde moitié de.......... au demi-chevron de.......... mouvant de la partition. accompagné en chef d'un fer de lance (?) de. .... et en pointe d'un demi-fer de lance, mouvant aussi de la partition.

Le moindre, qui surmonte le précédent, est de .. ... à la bande de. .... chargée de deux croisettes de... ...... Aucune hachure n'indique les émaux

Chaque clef est ornée de douze feuilles de houx gracieusement agencées en pendentif.

Les fenêtres, à ogives surbaissées, s'élargissent de manière à envahir presque tout l'espace compris entre les colonnes; mais, privées de meneaux, elles ont, dès l'origine, reçu un maçonnage *provisoire* qui les interdit aux deux tiers et en détruit l'effet.

Trois contre-forts carrés, à retrait et à corniche courante, arc-boutent les murs extérieurs. La seule gargouille qu'on y remarque représentait, avant sa mutilation, un monstre à gueule béante, vomissant les eaux.

C'est à l'époque de ces transformations du xve siècle que doivent se rapporter le grand arc ogival du chœur, et celui qui relie l'abside à la chapelle de la Sainte-Vierge.

La sacristie actuelle est l'œuvre (et quelle œuvre !) du xviiie siècle. Jusque-là, il n'y en avait pas eu d'autre que la partie du sanctuaire masquée par l'autel [1].

Dès l'an 1373, nous avons vu l'abbé d'Hautvillers en pleine jouissance et possession immémoriale du

---

[1] *Procès-verbal de visite administrative*, 1672.

quart des grosses dîmes et de la moitié des menues dîmes de Chouilly.

Un état du doyenné de la chrétienté d'Epernay pour les années 1478 et suivantes [1], cite encore comme décimateurs : le prieur des Bénédictins de Gaye en Brie, diocèse de Troyes (aujourd'hui de Châlons), l'abbé d'Orbais, du même ordre de Saint-Benoît; l'abbé de Toussaints, de Châlons, et le curé de la paroisse.

Le prieur ou doyen de Gaye, qui perçoit la *meilleure part*, est tenu d'entretenir la toiture de la nef et de la *coiffe* du chœur (cucuffam chori), c'est-à-dire de l'abside.

L'abbé d'Hautvillers est chargé de l'entretien des voûtes.

Les paroissiens subviennent aux autres dépenses.

Le même document nous apprend que cette *meilleure part* du prieur de Gaye consistait en la moitié des grosses dîmes affermées moyennant 200 livres; celle de l'abbé d'Hautvillers rapportait 100 livres; le *trait* ou *canton* d'Orbais, appelé aussi *Daridet*, 10

---

[1] Déjà mentionné. — *Archives de la Marne*

livres ; le *reddet* (revenu transféré) de l'abbaye de Toussaints, environ 18 livres.

Le curé du lieu n'était pas le moins bien partagé : il avait le quart des grosses dîmes et le tiers des menues, le tout estimé 400 livres, chiffre relativement respectable, sans être exorbitant [1].

En 1478, le curé de Choylly, non résidant, s'appelait maître Pierre Pignart ; le chapelain approuvé et résidant, Guillaume du Four.

En 1487, Pierre Pignart est remplacé par Etienne Leclert, et la paroisse desservie par le chapelain approuvé, Pierre Bonnart, qui occupe une maison de louage [2], en attendant que le presbytère sorte de ses ruines, ce qui n'aura lieu qu'en 1508.

Mais, depuis 1499, les fonctions du saint ministère étaient passées en d'autres mains ; et, cette fois, les habitants de Chouilly avaient la consolation de le

---

[1] Ces droits ont varié. En 1790, le prieur de Gaye touchait 1,000 livres de revenus annuels ; l'abbé d'Hautvillers, 1250 ; la manse abbatiale d'Orbais, 120 ; la cure valait 800 livres. Quant au *reddet* des chanoines de Toussaints, dépendant du doyen de Gaye, il consistait en 52 boisseaux de seigle, et autant d'*aveine*.

[2] « ..... Supra locum residens, sed non in domo parochiali, quæ ruinatur. » *Ibid*.

voir exercer par le titulaire lui-même, Etienne Petit, mort en 1523, après un laborieux pastorat de vingt-quatre ans.

CHAPITRE X.

1511-1572.

Droits de la châtellenie d'Epernay sur Chouilly. — Regnault de Bossu, bailli de Vermandois. — Sac du château par les Huguenots, en 1567. — Suite des curés. — Transfert des biens de la maladrerie.

La seigneurie de Chouilly n'était qu'un fief relevant de celle d'Epernay.

Les droits de suzeraineté, cens et censives, mainmortes qui en résultaient se trouvent consignés dans un manuscrit sur parchemin, intitulé : « C'est le xvi⁰ compte de Pierre Debar, receveur et collecteur de la terre, seigneurie et chastellenie d'Esparnay, pour très haulte et puissante princesse madame la comtesse d'Angoulesme[1], dame dud. Esparnay, ayant la garde, gouvernement et administration de mons. le duc de Valois, son fils, et de ses terres et seigneuries, de la recepte et despence qui lui fust

[1] Louise de Savoie, mère et tutrice de François de Valois (François I⁰ʳ). Elle mourut le 29 septembre 1531.

faicte, commençant le jour de la Magdeleine l'an mil cinq cent et onze, et finissant la veille d'icelle feste, l'an mil cinq cent et douze [1].

» Anciennes (redevances) non muables.

» De la mesme deue à Choilly à mad⁰ dame la comtesse, chacun un an, au terme de Toussainct, sur plusieurs héritages, par menues parties portant loz et ventes, et ne croissent ne appetissent (ni diminuent) montans à huict boisseaulx, pour cecy viii.

» Des cens deuz (dûs) à mad⁰ dame à Choilly, à la sainct Remy d'octobre, portans loz et ventes, prises par lx (60) soulz tournois dont a esté receu pour ceste pñte (présente) année la somme de xxii soulz vi deniers. Et le surplus est deu sur héritages qui sont en friches et en savarts. Et ne scet où retrouver une grande partie ne à qui les héritages appartiennent. Les parties desd.ˢ cens rendues sur le compte fin mil iiiiᶜlvi (1456), et aussi sur le compte fin mil iiiiᶜlxxiii (1473); pour cecy........ xxiiˢ viᵈ.

» De la value de sept sestiers de vin de vinaiges [2] deuz illecq, chacun un an, terme Sainct Martin d'iver, portans loz et ventes. Néant cy pour ce que

---

[1] Ms. de la Bibl. d'Epernay.
[2] Vinage. ou droit de pressoir.

recepte en a esté faicte cy devant en chappitre de vinaiges ; pour cecy................ néant.

» De la value d'une rente deue illecq à Noel, appelée les deniers du gard, sur certaines maisons et masures, les parties escriptes vii deniers, livré et souloit monter à ix deniers, dont a esté receu pour ceste pn̄te année iiii den.^{s}; pour cecy....iiii^d.

» De la value d'une rente deue illecq, à l'Ascension, appelée les moutons, sur plusieurs héritages, qui souloit monter à xvi d^s., dont a esté receu seulement vi deniers. Les menues parties rendues sur le compte fin mil iiii^{c}lxxiii (1473), et le surplus est en non valoir pour la cause dessus dicte ; pour cecy............ .... vi ^{d}.

» Des cens d'une vigne qui fust à Hannequin Langlois, séant au terroir de Choilly, en lieudict en Partelaines, contenant trois quartiers, tenant aux religieuses de Monstreuil-les-Dames, d'une part, et aux hoirs de feu Collesson de Varnancourt, d'autre part, desia escheue comme vacante à feu mons. le duc d'Orléans [1], ascensiz (concédée moyennant l'imposition du cens) long-temps à feu Collesson Martinet

[1] Jean d'Orléans, dit le Bon, comte d'Angoulême et seigneur d'Epernay, mort en 1467.

à tousiours, parmy xii soulz de cens parmy chacun un an, terme Sainct Remy d'octobre. Et pour ce qu'elle fust depuis de rechef vacante, elle fust baillié à cens perpetuelz à messire Pierre Michiel, curé de Plivis (Plivot) parmy la somme de v deniers; pour cecy par Jehan Braulart et les hoirs de feu Person François.................................. v^d.

» Des cens d'une vigne séant aud. terroir et aud. lieu de Partelaines, contenant six boisseaulx qui iadiz appartint aud. Hannequin Langlois, tenant aux hoirs Jehan Hannyn, d'une part, et à Thiébault d'Aulnay, d'autre part, ascensiz long temps à Jehannette Ferrière, vesve de feu Collesson Joly, parmy la somme de xxii soulz vi deniers portant chacun un an, à la Sainct Remy d'octobre. Laquelle depuis avoit esté bailliée à feu Henry Fourchier, parmi iiii deniers. Néant pour ce que Jehan Fourchier et Jacquesson Regnart, à cause de Doucette, sa femme, enfans dud. feu Henry Fourchier, ne sceurent où est assis ledict héritage, et à ceste cause ont renoncé à ladicte vigne en jugement par devant mons^r. le bailly dudict Esparnay, à telle part et portion qui leur en appartenoit contre Person Fourchier, hoir mineur, comme il est apparu par certifficacion rendeue sur le compte fin mil iiii^clxviii (1465) pour cecy.......................... néant.

» De la value de quatre faulchées et demy de prez que mad^e dame a à Choilly, vendue la despouille pour ceste p̄nte année à Remyon Crancy, demourant à Ay, comme au plus offrant et dernier enchérisseur, parmy la somme de iiii livres un solz, comme il appert par le brevet de la délivrance signé de Jehan de Villers, notaire juré en la prévosté dudict Esparnay et vendu pour cecy .... iiii^l i^s.

» De la value de la mairie de Choilly que print à ferme l'an précédent pour les d^{es} deux années, Jehan Randonnet, dit le Lorain, demourant aud. Choilly, parmy la somme de vi livres viii soulz tournois pour an ; pour la iie dernière année... vi^l.

» De la value des corvées des chevaulx deuz à Choilly à mad^e dame au my Karesme et doit chacun un cheval labourer demy journel de terre en masse, et on leur doit livrer le foing pour les chevaulx, et le pain pour les charretiers disner. En quoy mad^e dame a la moictié et les seigneurs dud. Choilly l'autre moictié. Néant pour ce qu'elles ne furent mises à pris au bail des fermes ne depuis ; pour cecy............................... néant.

» De la value de la garde des prés que mad® dame prent aud. Choilly. Néant pour la cause que dessus; pour cecy......................... .... néant.

» Mains mortes.

» De la value des biens meubles demourez du decez de feu Marion, en son vivant femme de feu Jehan Soulidier, en son vivant demourant à Choilly, et illecq puis naguères trépassé sans hoirs procréez de son corps habilles à succéder. C'est assavoir estant en celle ci vouoir (en ce terroir) venuz et escheuz à mad® dame, à cause de son droict de morte-main venduz et delivrez à Jehan Allart dud. Choilly comme au plus offrant et dernier encherisseur, parmy ii soulz vi deniers, à la charge d'accomplir les funérailles, obsèques, testament, et de païer les debtes raisonnables dud. deffunct, comme plus à plain appert, par la vendue-biens escripte, après l'inventaire desd® biens, signé Geoffroy, prévost d'Esparnay, et rendu pour cecy....ii^s vi^{ds}. »

La mort de Louise de Savoie réunit à la couronne la châtellenie d'Epernay.

En 1544, durant la lutte de François Ier et de l'empereur Charles-Quint, cette ville, largement pourvue de vivres, fut sacrifiée aux intérêts de la chose publique, et, sur l'ordre du dauphin, réduite en cendres, le 3 septembre.

Les habitants de Chouilly, qui, de leurs demeures, pouvaient apercevoir tous les mouvements de l'ennemi, campé sur le Mont-Aigu d'Avenay, durent au voisinage de Jâlons, où était l'armée française, d'avoir été préservés du pillage et de l'incendie.

Après la guerre, la peste, sa compagne ordinaire, exerça de grands ravages dans les derniers mois de cette même année 1544.

Le 15 octobre 1556, Regnault de Bossu, « escuier, seigneur de Laonnoys, chastelain de Choilly, conseiller du Roy, nostre sire, comparoit pour le Tiers-Estat, à titre d'officier du Roy dudict bailliage de Vermandois[1]. »

Il s'agissait alors de la promulgation des « coutumes de cité et ville de Reims, villes et villaiges regiz selon icelle, rédigées par escript, en présence des gens des Trois-Estatz, par Christofle de Thou », président du parlement de Paris et père du célèbre historien de ce nom.

Cependant, la révolte de Luther et de Calvin ga-

---

[1] *Arch. législ. de Reims*, 1re partie. p. 873, 889 et 894.

gnait de proche en proche. Pour en combattre les progrès, l'Eglise avait tenu à Trente ses assises solennelles.

On entrevoit les périls de ces temps agités dans la circulaire du débile François II, à l'effet : de *réformer* l'Eglise par un bon concile général (les Pères de Trente faisaient-ils donc autre chose?); de réunir les Etats généraux « pour, en plaine assemblée d'iceulx, ouyr et examiner les plaintes de tous les affligés, et sans acception de personnes, y donner tel remède que le mal le requiert (10 octobre 1560).»

Sur ce, le cahier de doléances de l'assemblée d'Epernay expose, entre autres doléances acrimonieuses : « remontrer que la noblesse se déborde au delà de la raison ; qu'elle ne se faict justice qu'à coups d'épée ; que plusieurs seigneurs font fouëter leurs subjects à coups de verges ; qu'ils imposent et font contribuer des subsides ; qu'ils font guerre ouverte à tout chacun, et s'emparent des chevaulx, autant qu'ils en peuvent recouvrer [1]. »

Nous ignorons jusqu'à quel point ces reproches pouvaient s'appliquer aux seigneurs de Chouilly.

[1] Ms. de la Bibl. d'Epernay.

De retour dans son diocèse, le grand cardinal Charles de Lorraine se hâta de convoquer à Reims un concile provincial, afin d'y faire recevoir les décrets de celui de Trente.

A l'ouverture de cette mémorable assemblée (26 novembre 1564), le *chastelain de Choilly*, Regnault de Bossu, siégeait à droite du chœur de la cathédrale, auprès de Henry de Lorraine, duc de Guise et gouverneur de Champagne.

Mais déjà la Réforme tentait de s'imposer en France, les armes à la main ; et depuis le trop fameux *massacre* de Vassy, il fut facile de prévoir quel abîme de calamités allait s'ouvrir pour le royaume.

Débarrassés du duc de Guise par un lâche assassinat, les Calvinistes, en 1567, voulurent enlever le roi Charles IX, dans le trajet de Meaux à Paris. Ils ne réussirent qu'à se faire battre dans la plaine de Saint-Denis (10 novembre).

Leur retraite à travers nos contrées fut marquée par d'horribles excès. Sézanne, Epernay, Mont-Félix, Avenay, Juvigny et tant d'autres localités éprouvèrent tour à tour les effets de leur brutale vengeance. Saint-Julien, sur le Cubry, et à proximité du moderne village de Pierry, fut complètement dévasté, sans espoir de restauration pour l'avenir (décembre 1567). La charrue passe aujourd'hui sur son emplacement.

Surpris par ces forcenés, à la tête desquels marchaient le prince de Condé, l'amiral Châtillon, Dandelot, le château de Chouilly, tel qu'il avait pu se refaire depuis le démantèlement des Anglais, et partie du village furent saccagés et livrés aux flammes, après la plus héroïque résistance. Jusqu'en ces dernières années, on retrouvait dans les champs, au sud-est de l'église, de nombreux vestiges de fondations, des surfaces pavées, des ustensiles culinaires en fer, en fonte ou en poterie communes, ensevelis sous toutes sortes de débris de constructions.

Les bas-côtés de l'église avaient assez souffert pour qu'on dût les réédifier une première fois.

Un compte-rendu de visite archiépiscopale, de l'an 1572, constate ces désastres, sinon dans leur totalité, du moins en ce qui touche l'administration diocésaine : « Domus presbyteralis per Hugnostas combusta fuit[1]. »

---

[1] « .... La maison presbytérale a été brûlée par les Huguenots. » — *Arch. de la Marne*, liasse concernant Chouilly.

Le commissaire du cardinal de Lorraine ne dit pas en quelle année, mais en tout cas, c'était avant 1572.

D'ailleurs, une plate-forme inculte, située au croisement de l'ancienne voie gallo-romanisée avec la grande route de l'Allemagne, qui longeait, au sud, le village de Chouilly, sans le traverser[1], et surmontée d'une croix, dite *des Huguenots*, a toujours été signalée par une tradition locale comme le cimetière des Calvinistes qui ont péri à cette occasion. Une procession commémorative s'est perpétuée jusqu'à nous, et suppose un évènement d'assez haute importance plutôt qu'une simple escarmouche.

Les fouilles opérées le 6 août 1863 autorisent

---

[1] Il est facile d'en suivre le tracé primitif dans les champs qui aboutissent à la Haute-Borne, et jusqu'à Plivot. La route actuelle de Paris à Metz, par la rue de Chouilly, n'a été ouverte qu'en 1744.

Antérieurement à 1529, le grand chemin de Châlons à Epernay, par Chouilly, laissait Bernon à droite pour remonter le long des terres de Jogasse, dans la direction des tombeaux gallo-francs, touchait aux Quatre-Maisons et à la Goisse, puis regagnait le bois par la Voie-aux-Vaches. Dans la suite, il rabattit par le faubourg de l'Orme, appelé pour cette raison le Haut-Pavé. — V. l'opuscule de M. Poterlet, *Notice historique des rues et places d'Epernay*, 1837, p. 74.

pleinement cette opinion. Plus de cent cadavres de jeunes soldats enfouis sous les décombres, parmi lesquels un canon d'arquebuse muni à l'intérieur d'une *cordelière* métallique, en guise de bourre, prouvent, selon nous, une attaque vigoureuse soutenue à toute extrémité et jusqu'à reddition de la place. L'un de ces hérétiques, dont le crâne avait été fendu d'un coup de hache ou d'épée, portait sur lui un petit jeton en cuivre, d'origine évidemment huguenote [1].

Cette belle défense honore les habitants du bourg de Chouilly, mais il est impossible qu'elle n'ait été payée du sang de quelques-uns d'entre eux : l'histoire est muette à cet égard.

Le curé de la paroisse était alors Nicolas Perrin, du diocèse de Soissons. S'il eut la douleur de voir son presbytère incendié par les Huguenots, il eut

[1] Avers, dans le champ : un globe crucifère inscrit dans un triangle divin, à nimbe circulaire sur chaque face; légende, DAS. WORT. GOT. ESBLEIBT. EWICK ☉ (Verbum Domini — *prædicatio, scilicet, verbi Dei* — manet in æternum. Le verbe de Dieu demeure éternellement).
Revers, dans le champ : trois fleurs de lis alternant à trois couronnes *marquises*, montées de quatre fleurons et de quatre trèfles en perles; légende, HANNSKR. EVWINCKEL. IN. NVRENB. (Hannskr Ewinkel — nom du graveur — à Nuremberg. en Bavière).

du moins l'heureuse fortune d'échapper de sa personne à leur rage sacrilége; car, en 1572, nous le retrouvons à son poste, qu'il occupait depuis 1566 comme curé résidant et desservant, et depuis 1560 comme vicaire de Claude Buart, chanoine de Châlons.

Ses autres prédécesseurs immédiats avaient été : de 1535 à 1560, Jean Tripache et le chapelain Martin Cuissot; de 1523 à 1535, Guy Flamignon, abbé d'Hautvillers, et le chapelain résidant Pierre Haustomme ou Hostomme.

La *Maladrye*[1], Maladrerie ou Hôtel-Dieu de Chouilly, n'ayant aucune raison d'être depuis l'entière disparition des *ladres* ou lépreux du moyenâge, les seigneurs du lieu se crurent permis d'en céder les revenus, en 1568, à l'abbé de Saint-Martin d'Epernay, Augustin Aubry de Cramant, qui en jouit jusqu'à l'année 1598, c'est-à-dire trente ans. Après quoi, observe le caustique Montgérard[2], « par animosité ou desdain desdicts seigneurs, on

---

[1] *Titre de partage entre les héritiers de Damoyselle Catherine de la Chapelle, 1582.* Terrier de M. le comte de Sainte-Suzanne.

[2] Ms. de la Bibl. d'Epernay.

luy ota ledict bénéfice par dévolu, ou plutost par une donation simple du Roy, comme estant de son droict, et non desdicts seigneurs usurpateurs. »

L'état des biens de la Maladrerie de Chouilly, dressé en 1587 par ce religieux, porte 22 fauchées de pré, lieudit le Pré-Gon, produisant environ 150 livres de revenus.

Aubry, qui était ligueur, fut chassé, en 1591, par la gendarmerie d'Epernay, et ne revint de Reims qu'en 1595.

Un siècle après, un arrêt du conseil d'Etat du Roi, du 2 décembre 1695, et des lettres-patentes du mois d'avril 1696, enregistrées au parlement le 9 juillet suivant, prononçaient la réunion à l'Hôtel-Dieu de Reims[1] de l'ancienne Maladrerie de Chouilly, à charge perpétuelle par ledit Hôtel-Dieu de tenir deux lits pour les malades de cette localité atteints d'infirmités réputées non incurables, et de faire acquitter annuellement 52 messes attachées à ces fondations. Les honoraires de ces messes étaient représentés par une somme de 20 livres payée au curé de

---

[1] En 1790, l'Hôtel-Dieu de Reims possédait à Chouilly 48 arpents de terre et 9 arpents 12 boisseaux de pré, loués 500 livres, à charge d'une messe par semaine.

Chouilly, et par celle de 6 livres attribuée à la fabrique de l'église. La première de ces clauses est encore en vigueur; mais la seconde n'a pu survivre à la tourmente de 93.

La chapelle Notre-Dame, fondée avant le XIVe siècle, et les bâtiments de la léproserie de Chouilly, ne furent démolis qu'en 1712 [1].

Nous n'avons pas craint d'anticiper sur les temps, afin de n'avoir plus à revenir sur ce sujet.

[1] *Compte-rendu de visite adm.*, cité plus loin.

CHAPITRE XI.

1576-1592

Troubles de la Ligue — Concession royale de fermeture en faveur du bourg de Chouilly. — Aliénation du domaine d'Epernay, en 1587. — Droits réservés. — Henry IV à Chouilly.

Aux dégâts des reîtres et des lansquenets allemands du prince de Condé s'ajoutèrent les alarmes des Ligueurs, faction politique qui, sous une apparence de zèle pour les intérêts religieux, briguait pour elle-même le sceptre du faible Henry III.

Victimes de ces spoliations, plusieurs bourgs se mirent en mesure de se fortifier, principalement dans le diocèse de Reims.

Comme légitime compensation du sac de leur château, les habitants de Chouilly sollicitèrent et obtinrent, en septembre 1576, des lettres du Roi, conçues en ces termes :

« Henry, par la grâce de Dieu, Roy de France et

de Polongne[1], à tous pns (présents) et à venir, salut,
savoir faisons que veu par nous l'acte de l'assemblée
de la plus grande et saine partie des habitants du
bourg de Chouilly, et consentement par eulx presté
cy attaché, inclinant libéralement à la supplicaōn
et requeste qui faicte nous a esté en leur faveur, et
affin qu'ils ayent moïen de se préserver des incur-
tions de plusieurs gens de guerre vivant licentieu-
sement et sans adveu partout nre (notre) royaulme
à nre très grand regret. A iceulx pour ces causes et
aussy à ce nous mouvant, avons de nre grâce spécial,
plaine puissance et authorité royal, promis et accordé, prometons et accordons par ces pntes, voulons et nous plaît, qu'ils puissent et leur soit loisible
faire clorre, fermer et environner led. bourg de
Chouilly, de murailles, tours, tournelles, portes,
ponts-levis et fossés, en lieux et endroicts les plus
commodes pour la décoraōn dud. lieu que faire se

---

[1] Henry, duc d'Angoulême, frère de Charles IX, avait été élu roi par les Polonais, le 9 mai 1573. A la nouvelle de la mort du roi de France, 30 mai 1574, il s'enfuit secrète- ment pour aller recueillir l'héritage d'une couronne qui devait lui coûter la vie, le 1er août 1589. En lui s'éteignit la maison de Valois, qui occupait le trône depuis 261 ans. Le titre de « roy de Polongne » qu'il conserva était pure- ment honorifique.

poura. Et pour satisfaire aux frais et despences qu'il conviendra faire pour icelles clostures, nous leur avons aussy promis et prometons qu'ils puissent asseoir, lever et imposer sur eulx, pendant deux ans prochains, la somme de quatre mil livres tournois, ou telle autre moindre somme qu'ils adviseront, jusques à l'entier parachevement desdictes clostures, le fort portant le foyble, le plus justement et esgallement et à la moindre foulle et charge d'iceulx habitans que faire se poura, selon le devis et estat du marché qui en a esté ou sera faict cy après. Et faire recevoir lesdicts deniers par ung des plus notables habitans dud. bourg pour les distribuer aux maçons, charpentiers et maneuvres qui y travailleront, et non aultres, par les ordonnances du maïeur et deux des principaux habitans dud. bourg. A la charge d'en rendre bon compte par devant le bailly d'Esparnay ou son lieutenant, nostre procureur présent et appelé, affin qu'il n'y soit abbusé, pourveu touteffois que à l'occasion de ce, nos désirs n'en soient retardés ne diminués, et que la plus grande et meilleure partie des habitans ayent à ce consenty et consentent, comme desia il en appert par ledict consentement.

» Si donnons en mandement audict bailly d'Esparnay ou son lieutenant, et à tous nos aultres justiciers qu'il appartiendra, que de nos présens permission, vouloir et intention, et de tout le contenu cy dessus, ils fassent, souffrent et laissent jouyr et user plainement et paisiblement lesdicts habitans, cessans et faisant cesser tous troubles et empêchemens ; en outre, contraignant à ce souffrir et obeyr tous ceulx qu'il appartiendra, mesmes lesdicts habitans cottisés à païer leur cotte part et portion, par toutes voies deues et raisonnables, nonobstant oppositions et appellations quelconques par lesquelles et sans préjudices d'icelles ne voulons estre différé. Car tel est nostre plaisir. Et affin que ce soit chose ferme et stable à tousiours, nous avons faict mettre notre scel à ces dictes pntes, sauf en aultres choses nre droict...

» Donné à Paris au mois de septembre, l'an de grâce mil cinq cens soixante seize, et de nre règne le trois^{me}.

» Par le Roy en son conseil, De l'Aubespine. Visa : Poussepin. Et plus bas : Legra, tabellion. »

L'original sur parchemin de cette concession royale de fermeture, scellé en double queue de cire brune, est conservé dans les archives communales.

Dès lors, la partie haute du bourg, à savoir, la plus maltraitée en 1567, déserta ses funestes quartiers pour se rapprocher du centre, aux abords de la rivière. Un triple cercle de fossés, de remparts et de murailles, avec portes et tourelles, ce qu'on appelait *une chemise*, enveloppa le pays, ne laissant au dehors que la nouvelle maison seigneuriale bâtie à l'ouest et suffisamment protégée par un système spécial de fossés et de ponts-levis ; à l'est, l'église meurtrie et les ruines fumantes de l'antique château, premier et glorieux abri d'une famille de gentilshommes, dont on peut dire, dès à présent, que la fortune n'égala jamais le mérite et la bravoure.

Nous en raconterons bientôt la filiation et les exploits[1].

La châtellenie d'Epernay, distraite de la couronne en faveur du premier duc de Guise, en 1536 ; du maréchal de France, Pierre Strozzi, en 1551 ; de Philippe Strozzi, son fils, en 1558 ; puis rachetée

---

[1] Le souvenir des fortifications de Chouilly se traduit, chez ses habitants, par les locutions usuelles de : *porte de Châlons, porte d'Epernay, derrière les remparts, derrière la ville*. Il y avait aussi *la tour de Jean*, au sud ; *la porte et la rue de l'Huisselot*, en face de l'abreuvoir, au nord.

par Henry II, pour être donnée en mariage à sa bâtarde Diane, légitimée de France, duchesse de Castro, fut également offerte en douaire à l'infortunée reine de France et d'Ecosse, Marie Stuart.

A peine sa mort tragique fut-elle connue en France, que le roi Henry III donna ordre d'aliéner son domaine d'Epernay ; ce qui eut lieu le 5 juillet 1587 [1], par le commissaire délégué à cet effet, Adrien de Pétremol, sieur de Rozières, conseiller du roi, président du bureau des finances de Champagne.

Voici l'article de cette adjudication « à faculté de rachat perpétuel » concernant Chouilly :

« Auroient semblablement esté mis à prix tous et chacun les droicts que ledict sieur Roy a au lieu et bourg de Chouilly, consistant en mairie, prez et avoine, sans aucune chose réserver ne retenir, par Raoul Copillon, demeurant à Reims, à la somme de 100 escus. Par Me Pierre Aubelin, conseiller aud. Espernay, à 110 escus. Par Nicolas Boulet, demeurant

---

[1] Bertin du Rocheret, cité dans la Chronique de Champagne, se trompe, lorsqu'il reporte cette vente à l'année 1569, et lui assigne pour but la délivrance de Marie Stuart des mains de *sa bonne cousine* Elisabeth. L'acte est daté de 1587, et parle nommément de la « *feue Royne d'Escosse.* » Ms. de la Bibl. d'Epernay.

à Reims, à 6 vingt dix escus. Par ledit Aubelin, à 8 vingt escus. Par ledict Copillon, à 8 vingt dix escus. Par Jacques de Monspoix, à 9 vingt escus; et par led. Copillon, à 9 vingt dix escus. Et après plusieurs publications faictes et réitérées, nous, aud. Copillon, comme plus offrant et dernier enchérisseur, au troisième et dernier coup de baguette, en la manière accoutumée, avons vendu, délivré et adjugé, délivrons et adjugeons, tous et un chacun, les droicts cy dessus déclarés, moyennant la somme de 9 vingt dix escus, pour le sort principal, et 9 escus et demy pour les 3 sous par escus, pour les frais de publications, vente et délivrance; qui est en somme totale : neuf vingt dix neuf escus et demy, pour en jouyr, ainsy qu'il est porté par ledict édict, et aux réservations y contenues; à la charge que les appellations du juge de Chouilly ressortiront par devant le bailly d'Espernay ou son lieutenant; lequel messire Copillon a déclaré que lad. adjudication présentement à lui faicte, est pour et au proffit du sieur de Berrieux, seigneur en partie dud. Chouilly, suivant le mandement par escript, signé de sa main, à luy baillé à ces fins, dont nous lui avons donné acte. »

Ainsi aliénée « moyennant neuf vingt dix neuf escus solz [1], » il semblerait assez naturel que « la partie appartenant au Roy de la terre et seigneurie de Chouilly ne « put désormais « estre faict estat certain, d'aultant que l'acquéreur y jouit *par les mains*. Néantmoings portera pour la part des usages à raison d'un solz pour escu du prix de ladicte vente [2]. »

En d'autres termes, la cession réelle et absolue de « tous et chacun les droicts que ledict sieur Roy avoit au lieu et bourg de Chouilly, *sans aulcune chose réserver ne retenir* », n'empêchera pas la jouissance et revendication des droits de suzeraineté, et le fisc de consigner soigneusement, le 6 octobre 1619, dans le « Registre des recongnoissances faictes par les habitans d'Espernay des censives deubes au Roy nostre sire, au jour Sainct-Martin d'hiver » une déclaration « soubzsignée », en vertu de laquelle Nicolas Fourché le Jeune, procureur syndicq des habitans de Chouilly, ayant charge desdictz habitans, a recongnu debvoir au Roy la somme

---

[1] L'écu au soleil ou écu sol, remplaçant depuis Louis XI l'écu d'or à la couronne, tirait son nom du soleil gravé au-dessus de la couronne.

[2] Ms. intitulé : *Redevances au domaine et seigneurie d'Epernay*, 11 may 1602 — Bibl. d'Epernay.

de cinquante sols de cens, à cause de leurs usages, qu'ils tiennent de Sa Majesté, payable au jour de Sainct Remy ; laquelle au nom desdictz habitans, il promet *payer et continuer.* » C'était l'essentiel.

Le 9 juillet 1592, dans une reconnaissance de Damery à Dizy, le roi Henry IV avait vu périr à ses côtés le meilleur de ses amis, le maréchal de Biron.

Epernay, tenu par le comte de Rosne, pour les Ligueurs, fut assiégé quinze jours après, capitula le 10 août, et se rendit le lendemain, après dix-sept jours de tranchée ouverte.

Le 16, Henry IV établissait son quartier-général à Chouilly, d'où il nomma pour gouverneur d'Epernay le huguenot Bertrand d'Arricault, baron de Vignolles, avec exprès commandement de lever au plus tôt des hommes de guerre, pour assurer sa nouvelle conquête contre les entreprises du dehors[1].

Le 25, Henry IV et *ses gens* étaient déjà sous les murs de Provins.

[1] La plupart des historiens répètent, après Bertin du Rocheret : 1° que le maréchal de Biron fut tué le 4 août, durant le siége d'Epernay ; 2° que dès les premiers travaux de ce siége, c'est à-dire depuis le 24 juillet, le roi avait dressé son camp à Chouilly. Ces deux assertions sont également fausses. Pour les rectifier, il suffit de parcourir le *Recueil des Lettres-Missives de Henry IV*, par M. Berger de Xivrey, édition ministérielle.

CHAPITRE XII.

1610-1651.

Nouvelles factions. — Incendie à Chouilly, en 1623. — Ordonnance de dégrèvement. — Cordon sanitaire contre la peste. — Commencement des guerres de la Fronde. — Funestes accidents. — Famille des Brunetot.

Le poignard de Ravaillac replongea la France dans le désordre et l'anarchie des guerres civiles.

Mécontent de la régente Marie de Médicis, le prince de Condé s'empara d'Epernay, le 6 octobre 1615, tandis que les Huguenots appelaient, comme une menace, le comte de Mansfeld à leur aide.

Pour comble, en 1623, un ennemi non moins implacable, le feu, dévora en quelques heures cent quarante-six maisons du bourg de Chouilly, y compris la maison seigneuriale, avec le fruit de toute une année de labeurs; catastrophe affreuse qui éclata dans la nuit du 17 au 18 juillet, huit jours après la rentrée des récoltes.

La moitié de la population se trouva sans pain, sans asile et sans ressources !

En présence d'un tel désastre, l'autorité s'émut de pitié, et rendit l'ordonnance de dégrèvement suivante :

« Les présidens, trésoriers de France généraux des finances en la généralité de Champagne, aux présidens, lieutenans, controlleurs et autres officiers en l'élection d'Esparnay, salut. Veu la requeste à nous présentée par les habitans du bourg de Chouilly, contenant les pertes par eulx souffertes, à cause de l'incendye du feu advenue audict bourg, la nuit du dix-sept au dix-huitiesme du mois de juillet dernier, qui auroit esté si véhément qu'il auroit bruslé sept vingtz six maisons, outre les granges et estables, avec leurs meubles, grains et foins qu'ils avoient engrangez huit jours auparavant ladicte incendye. Ainsy qu'il nous est apparu par votre procès verbal du dix-huit dudict mois, contenant les noms de ceux qui ont souffert desdictes pertes, et les sommes auxquelles chacun d'eulx étoit cottizé pour les tailles de la présente année. Veu aussy le procès verbal du sieur de Lorme, l'un de nous, qui se seroit transporté sur les lieux avec aucuns de vous, le neufiesme aoust dernier, par lequel appert desdictes ruines et incendye, l'estat dellivré de son ordonnance par deux de vous et maistre Claude Vary, recouvreur des tailles en ladicte Election, par lequel appert des noms et sommes que portoient ceux qui ont souffert lesdictes pertes, montant par quartier à cent dix neuf livres douze solz. L'advis par vous donné aussy de son ordonnance en date du dix-septiesme du présent mois, contenant que ledict bourg estoit cottizé pour les tailles à la somme de neuf cens trente deux livres, de laquelle ceulx qui ont faict lesdictes pertes portoient ladicte somme de cent dix-neuf livres douze solz par quartier, et qu'au suject des grands frais qu'il leur convenoit faire pour obtenir descharge du Roy de ladicte somme, et icelle faire vérifier ou besoing seroit, à quoy ils ne pouvoient satisfaire, pour leur misère et pauvreté ; et que pour leur donner moien de se restablir audit bourg, vous jugiez estre à propos qu'en païant par eulx ce qu'ils doivent de reste lesdites tailles et greves de la présente année, pour éviter auxdicts frais qu'ils fussent modérés durant quinze années, pour toutes tailles, taillon et greves, à la somme de quinze livres, qui sera regallée par chacun an sur ceulx qui ont souffert lesdictes pertes, ainsy qu'il est plus au long contenu et déclaré par vostre dict advis.

» Tout considéré, et sans tirer à conséquence, ordonnons que doresnavant, et durant quinze années, à commencer de l'année prochaine, proceddant par vous aux départemens des tailles, taillon, greves des garnisons et aultres qui pourroient arriver durant le cours desdictes années suivantes, vous ayez à cottizer les habitans qui ont souffert lesdictes pertes et incendye de feu contenues en vostre dict procès verbal, à la somme de quinze livres par chacun an, qui sera regallée sur eulx par les alloueurs (répartiteurs) desdictes tailles, le fort portant le foible, en la manière accoustumée. Et pour le surplus des habitans qui n'ont souffert aucune perte, seront par vous cottizés selon leurs facultez et moiens de ce faire. Vous donnons pouvoir, commission et mandement. Fait au bureau des finances en Champagne, à Chaalons, le vingt-troisiesme jour d'octobre mil six cent vingt-trois.

» Delon, Bailly, Boulet, Françoys, Cuissotte. Et plus bas : Par mesdicts sieurs, Cuissotte[1]. »

[1] Papiers de famille de M. le comte de Sainte-Suzanne.

Au printemps de 1635, la peste décima la ville de Reims. La crainte, pour les Sparnaciens, de voir le fléau s'étendre jusqu'à eux leur fit interdire, par ordonnance du 22 juin, tout rapport avec la cité atteinte. Il y eut même, du 23 juillet au 7 août, des punitions exemplaires contre les infracteurs, lesquels furent chassés hors des faubourgs, « amendés de 30", » leurs meubles et autres achats brûlés sur la place publique.

Grâce à la sévérité de ces mesures, Epernay et ses environs en furent quittes pour la peur.

Puis arrivent les guerres de la Fronde, singulière cabale où le ridicule marcha de pair avec l'esprit d'indépendance et d'irritation vaniteuse.

Chouilly aura, comme toujours, sa large part de désolation et de misères.

« Le trentiesme dudict mois et an, jour de St-André (30 novembre 1648), François Fourché fust homicidé et tué d'un coup de pistolet qu'il reçust à la teste, environ les cinq heures du soir, duquel coup il mourut environ le minuit ; et quatre aultres habitantz furent tués à la teste de pareilles armes par des soldats, deux desquels estoient de piés, les deux aultres de cheval, tous se disant des gardes de

Monsieur le prince de Condé », principal chef de la révolte contre l'influence du cardinal de Mazarin.

Qu'on juge de la terreur des populations sous la menace de tout mettre à feu et à sang en cas de résistance ! Les troupes royales n'étaient guère mieux disciplinées.

En 1650, lorsque le marquis de La Ferté, rentré dans Clermont, en Argonne, se vit contraint, par le manque absolu de vivres, de rétrograder vers Epernay, le passage à Chouilly de son régiment, dit de La Ferté-Sénéchal, ne laissa d'autre souvenir que la mort violente de deux de ses cavaliers qui s'étaient pris de querelle, et dont l'un « nommé Laforest, avoit esté tué audict Chouilly, le onziesme de septembre »; le second, « nommé Sanson Lapil, blessé à pareille occasion », expira trois jours après.

Durant le siége de Sainte-Menehould par les Frondeurs, des bandes de Lorrains, leurs auxiliaires, rôdaient chaque jour en fourrageurs jusque sur les bords de la Marne. Il importait de les empêcher de passer outre ; et pour cela, il fallait être en force. M. de Lettrée se chargea, dans l'intérêt des seigneurs riverains, d'exposer leur demande à l'assemblée d'Epernay. Mais le 21 septembre 1650.

au grand déplaisir et mécontentement de tous, il fut « respondu à Messieurs de Chouilly et d'Athys, que la ville n'a pas trop » de monde « pour se garder elle-même. »

Les registres paroissiaux[1] d'où nous tirons ces récits, mentionnent, dans le cours de l'année précédente, un accident d'un autre genre :

« Le mercredy quatriesme aoust mil six cent quarante neuf, environ les sept heures du matin, survint une nuée orageuse d'éclaires et de tonerres, pluyes et quelques gresles, qui tua une fille unique, agée de quinze ou seize ans, nommée Jeanne Brez, retournant du champ au bourg de Chouilly, pour se sauver de ladicte nuée, fust tuée du tonerre à deux jets de pierre de Chouilly, sur le chemin de Longe-Fontaine, où il y a une croix pour marquer l'endroict. »

Comme complication d'épreuves, se joignit l'épidémie de 1651, qui, dans l'espace de quelques semaines, emporta dix-huit habitants de Chouilly[2].

---

[1] Le plus ancien remonte au 15 mars 1642.

[2] 17 septembre, Anne la Guérine ; 19, Simon Fourché ; 20, Anne Fourché ; 21, le fils à la Guérine ; 22, Nicaise Legra ; 23, Pierre Marc ; 24, la mère à Barthelemy Guérin ; Id., François Milta ; 29, Garnesson ; 30, Jacques Milta ; 1er octobre, Louis Renaudin ; 2, Marc Fourché ; 5, Martin

Il est temps de faire connaître la noble maison des Brunetot, dont l'un des membres, Louis de Brunetot[1], apparaît vers le milieu du xviie siècle comme le type de la valeur militaire.

« Damoyselle Catherine de La Chapelle, dame pour la tiers part de la terre seigneuriale de Chouilly, » avait eu du sieur de Monspoix, son mari, deux fils : Jacques de Monspoix, écuyer, seigneur de Courjan et de Chouilly, en partie ; Antoine de Monspoix, aussi écuyer, vicomte de Chouilly, en partie ; et quatre filles : Claude de Monspoix, mariée à Hector de Hanecoq, écuyer, seigneur de Champagne, en partie ; Charlette de Monspoix, mariée à François Briffault, seigneur du Mont-Saint-Remy, demeurant à Châlons-sur-Vesle ; Marguerite de Monspoix, mariée à Valérien de Bourgeois, écuyer, seigneur de La Fosse ; et Jeanne de Monspoix, qui épousa, en 1550, le fils d'un gentilhomme de Normandie, Antoine de Brunetot, maréchal-des-logis d'une compagnie d'or-

---

Richon ; 11, Claudine Baudoin ; 14, Jacqueline Pienne ; 21, la femme à Claude Desprest ; 26, la mère à Philippe Lhermite ; 27, Estienne Marion. — *Registres paroissiaux*.

[1] On écrit maintenant : *de Brunetcau*. La première forme orthographique étant la seule que portent les plus anciens titres, nous nous faisons un devoir de la reproduire.

donnance, homme d'armes de la compagnie de M. le marquis du Pont.

A partir de cette époque, et bien avant la mort de Catherine de La Chapelle, sa belle-mère, décédée vers 1580, Antoine de Brunetot prit le titre « d'escuier, seigneur de Daulcourt et de Chouilly, en partie », comme il appert d'un dénombrement par lui rendu, le 20 mars 1551, de la terre et seigneurie de Chouilly à Madame la comtesse d'Angoulême, Louise de Savoie, chargée, comme on l'a vu, de la garde-noble de Mgr le duc de Valois, son fils.

La succession de Catherine de La Chapelle était assez modeste. L'acte de partage, en date du 25 février 1582, assigne préalablement à Jacques de Monpoix, comme droit d'aînesse et de préciput «la maison seigneurialle, consistant en un pavillon couvert de thuilles, coulombier, granges et estables, tenant d'hun costé, devers soleil levant, aux fossés de la maison, et d'autre, à un grand pingnon de pierre ; d'hune part *au cimetière*, et d'autre aux fossés de ladite maison. »

On reconnaît à ces détails l'emplacement de l'ancien château-fort, que tant d'épreuves successives réduisirent à la fin aux humbles proportions d'une maison de fermage.

Au sieur de Brunetot échut le premier lot de la maison « d'en bas », qui, par voie d'échange ou de rachat, lui revint bientôt toute entière.

C'est aux deux Monspoix, vaillamment secondés par leur beau-frère, Antoine de Brunetot, que doit appartenir, croyons-nous, la gloire, chèrement payée, d'avoir fait mordre la poussière à bon nombre des Huguenots de 1567, gisants sous la croix de la Haute-Borne.

Antoine mourut en 1598. L'aîné de ses quatre enfants, Pierre de Brunetot, seigneur de Chouilly, de la Borde et de Spilly, avait épousé, vers l'an 1593, Magdeleine Le Dieu[1], dont il eut : Anne et le célèbre Louis.

Le 16 novembre 1619, Pierre épousa en secondes noces Suzanne de Poix, dont il n'eut pas d'enfants.

Naïf exposé des coutumes locales, ses dispositions testamentaires, du 30 décembre 1627, retracent plus encore la touchante piété du testateur :

« Je recommande mon âme à Dieu, à la glorieuse Vierge Marie et à toute la Cour céleste, et veux que

---

[1] Le Dieu porte : d'azur au chevron d'argent, accompagné de trois glands d'or, dont deux en chef, et un à la pointe de l'écu. (V. pl. XXX, fig. 1re.)

toutes mes debtes soient payées, et tous les torts que j'ay fait amendés autant que faire se pourra.

» *Item*, je veux, advenant mon trépas, que mon corps soit inhumé dans l'église dud. Chouilly, au lieu et place où madamoiselle ma mère (Jeanne de Monspoix) a esté enterrée; et au bout de l'an, qu'on pose sur le lieu de ma sépulture une pierre longue de cinq à six piedz, et large de deux piedz et demi ou trois piedz, sur laquelle sera escrit mon nom, mes qualités et mes armes gravées.

» *Item*, je veux, le jour de mon enterrement, qu'on célèbre quatre messes avec les vigiles et recommandises.

» *Item*, je veux qu'il y ayt douze torches et quattre douzaines de cierges, tant pour mettre sur l'autel que sur la chapelle ardente.

» *Item*, je veux qu'on distribue aux pauvres le pain de quattre boisseaux de bled.

» *Item*, je veux qu'on prie mes amys à mon enterrement, auxquels sera donné la réfection.

» *Item*, je veux que quarante jours après mon décès on fasse mes services et prières accoutumés, par trois jours consécutifs, et entends qu'il y ayt chacun jour quattre prestres pour célébrer quattre messes avec les vigiles et recommandises, et que l'on distribue aux pauvres le pain de quatre boisseaux de bled, et la réfection à mes amys.

» *Item,* je veux aussy l'an durant, que tous les jours qu'on dira les vespres, le magister dud. Chouilly dise sur ma fosse le respons *Ne recorderis* en nottes, et pour son salaire il luy soit donné soixante solz.

» *Item*, je veux l'an durant, qu'à l'élévation de la sainte Eucharistie on allume un cierge sur ma tombe ..»

Suivent quelques libéralités en faveur de l'église et la fondation à perpétuité d'un service anniversaire pour le repos de son âme.

Pierre avait encore cinq années à vivre, et ce fut, non à Chouilly, mais à Chaumuzy[1] que sonna sa dernière heure.

La pensée d'être inhumé à Chouilly ne l'avait pas quitté, témoin le codicille dressé le 4 mai 1633, sur son lit de mort, et dans lequel sont attribuées « au curé de céans quatre livres pour accompagner le corps du deffunct jusqu'au lieu de sa sépulture.

» *Item*, est délaissé à Nicolle Josse, sa servante, un manteau gris, en récompense des bons services

---

[1] Canton de Ville-en-Tardenois.

qu'elle lui a rendus, tant en santé qu'en maladie, et en oultre les gaiges qui lui pourroient estre deus. »

L'exécuteur testamentaire désigné était Honoré Regnier, son beau-frère[1], et, à son défaut, noble homme Georges de Brunetot, son frère, seigneur de Mutry, demeurant à Beauregard, paroisse de Fleury, et noble homme Louis de Brunetot, son fils.

Celui-ci, *escuier, seigneur de Chouilly, en partie*[2], et de Spilly, débuta de bonne heure dans la carrière des armes.

Le 18 février 1626, il recevait du roi Louis XIII un brevet de capitaine d'une compagnie de gens de pied, au régiment du baron d'Annevous, sous l'autorité du duc d'Epernon, pair de France, colonel général de l'infanterie.

Une commission de major au régiment de Saint-

---

[1] Honoré Regnier, seigneur de Sompuis, avait épousé Elisabeth de Brunetot, fille d'Antoine, et pour cela se qualifiait « escuier, seigneur de Chouilly, en partie. »

[2] C'est en cette qualité qu'il prêta, le 11 avril 1634, l'acte de foi et hommage « au Roy nostre sire, à cause de sa chastellenie d'Espernay, de laquelle ladicte terre de Chouilly est tenue en fief immédiatement. » Dans un certificat de convocation de l'arrière-ban des gentilshommes de Vitry, à la date du 4 août 1639, Louis est qualifié : « seigneur de Chouilly, en partie, et du fief de Partelaine sis audict lieu. »

Etienne lui est octroyée, le 27 août 1635, par le duc de la Valette, colonel général de France, gouverneur et lieutenant général pour le roi en Guienne.

Trois années après, le 20 août 1638, de par le sieur de Fontenay, commandant de Lorraine, il est ordonné que cinquante mousquetaires partiront de Nancy, sous la conduite du sieur de Chouilly, major au régiment de Saint-Etienne, pour aller se jeter dans « la place d'Espinalle (Epinal) *à quelque prix que ce soit.* » L'intrépidité toute chevaleresque avec laquelle cette périlleuse mission fut accomplie excita les applaudissements unanimes de l'armée.

Le 3 novembre 1642, le vicomte de Chouilly est chargé par le roi de former une compagnie de chevau-légers, qu'il devra commander, dans le régiment de Mépas.

Parvenu au brillant grade de lieutenant-colonel du régiment de Mépas-cavalerie, Louis de Brunetot, sous le feu de l'ennemi, cueillait une ample moisson de lauriers, lorsque la gravité de ses blessures l'obligea, en février 1647, « de retourner en France se faire panser. »

Il saura bien un jour retrouver son courage, et reprendre son épée pour la défense du sol natal.

CHAPITRE XIII.

1652-1567.

Louis de Brunetot à la tête de la noblesse d'Epernay. — Georges, son fils, dans le camp des Frondeurs. — Les Lorrains à Chouilly. — Manoir des Brunetot dévasté. — Georges amnistié. — Deux notaires royaux en résidence à Chouilly.

L'année 1652 s'ouvrit sous de sombres auspices.

Une armée de Lorrains[1], conduite par leur duc dépossédé, se rua sur la France, au secours des princes rebelles.

Epernay, fatigué de toutes ces intrigues, fut d'avis de se conserver au service du roi. En conséquence, le 9 mai, il est arrêté :

« 1° Que les ponts de Tours-sur-Marne, Bisseuil et Mareuil seront rompeus.

» 2° Oultre 400 habitans d'Esparnay en estat de porter les armes, suivant la revue, en sera faict entrer 600 des villages circonvoisins.

[1] Environ 9,000 hommes.

» 3° De ces mille hommes seront composées neuf compagnies.

» 4° Que la noblesse fera un corps de cavallerie pour tenir la campagne.

» 5° Que la ville pourvoira aux vivres.

» 6° Que le commandement, en ce qui est des armes, sera dévolu à la noblesse, tant dedans que dehors la ville.

» 7° Que la noblesse nomme pour commandant dans la ville M. de Chouilly, et à la campagne M. le baron de Mouslins (Moslins).

» 8° Que M. le maréchal de Lhospital, gouverneur de Champagne, sera prié de faire agréer par le roy ce résultat.

» 9° Que l'on se joindra aux autres bailliages de la province pour faire diverses remontrances au roy contre les excès des gens de guerre, qui mettent les habitans et les païsans au désespoir.

» 10° Que la noblesse courra sus à tous les déserteurs et soldats débandez, ou qui feront dégâts[1]. »

Un second délibéré complétait ces énergiques résolutions :

---

[1] *Registres du conseil de la ville et communauté d'Esparnay.* — Bibl. d'Epernay.

« Cejourd'huy, neufviesme jour du mois de may, mil six cent cinquante deux, par-devant nous, Pierre de Poix, conseiller du roy, nostre sire, président au bailliage et prévosté d'Esparnay,

» Sont comparus les habitans d'Esparnay par le conseil de ladicte ville. Entre autres choses a esté arresté que messieurs de la noblesse nommeront d'entre eulx deux commandans, l'un dans la ville et l'autre à la campagne. Suivant quoy a esté nommé pour commander en la ville la personne de Monsieur de Chouilly, et pour la campagne, Monsieur le baron de Mouslins. Et pour chefs en la ville, sous ledict sieur de Chouilly, ont esté nommés de la part de la noblesse, la personne de Monsieur de la Tour (d'Athis), Monsieur de la Bassie, Monsieur des Conardins de Fleury, Monsieur de Bussy (Lettrée), Monsieur de la Place, Monsieur Soulin[1], Monsieur de Romond, Monsieur de la Ruelle, Monsieur de Cramant et Favresse, Monsieur Piquart, Monsieur du Portail, Monsieur de la Grandmaison, Monsieur des Conardins de Pierry, Monsieur de la Croix, Monsieur de la Carlottie, Monsieur de la Tour de Bury. Et de la part

[1] Seigneur de Violaines, demeurant à Saint-Martin d'Amblois (Ablois).

des habitans sera nommé pareille nombre en l'assemblée de ladicte, qui se fera pour cela incessamment. Donné audict Esparnay le jour et an que dessus. » *Signé :* LEPREUX, greffier. »

Dans ces délicates conjonctures, le gouvernement de la régente Anne d'Autriche écrivit à la noblesse du bailliage d'Epernay pour stimuler son zèle et son patriotisme contre les ennemis de l'Etat.

La pièce rédigée en réponse à cet appel honore ses auteurs non moins que celui des gentilshommes qui en a été l'objet :

« La noblesse du bailliage d'Esparnay et autres voisins de la rivière de Marne s'estant assemblés pour les ordres du roy à eulx envoyés, donnés à Saint-Germain-en-Laye, datte du dixiesme may mil six cent cinquante deux. Par lesquelz, après avoir considéré les choses plus nécessaires pour satisfaire audict ordre, suivant l'intention de Sa Majesté, tant pour empescher les ennemys d'entreprendre sur aucun passage de la rivière de Marne, que pour la conservation du pays. Auroient advisez ensemble de nommer ung d'entre eulx pour entrer dans Esparnay et prendre le commandement dans icelle ville, tant sur les habitans que sur les trouppes qui lui seront données, pour la conservation et deffense tant de ladicte ville que communaultez pour le service du roy. Pour cet effect, toutes icelles noblesses auroient de commung accord faitz choix du sieur de Chouilly, *duquel les cognoissances, la fidélité et expérience au suject de la guerre sont recongnues*; et l'auroient tous priez d'en adopter la charge, voulant qu'ainsy soit obey. Faict cejourdhuy seiziesme may mil six cens cinquante deux.

» *Signé :* Estoges, S*t*-Ouen, Labrosse, Lavaucelle, Chenevrier. »

Par une bizarre coïncidence qui peint à elle seule la cohue des passions politiques, alors que l'écuyer Louis de Brunetot portait si haut et si fièrement la bannière de la royauté, son jeune fils, Georges, combattait dans les rangs du parti adverse, comme le prouve une sauvegarde donnée le 26 juillet 1652, par l'un des principaux factieux, Gaston d'Orléans, « Fils de France, oncle du roy, lieutenant général de *Sa Majesté*, dans l'estendue du royaume de France, terres et seigneuries de son obéissance, *tant que le cardinal Mazarin sera en France.*

» A tous lieutenants généraux, maréchaux, maréchaux-de-camp, collonnelz, capitaines, chefs et conducteurs de gens de guerre, tant de cheval que de pied, de quelque nation qu'ils soient, maréchaux-des-logis, fourriers, chevalliers, officiers qu'il appartiendra, salut. Voulant favorablement traicter le sieur de Chouilly, père du sieur de Chouilly, cappitaine dans le régiment d'infanterie de notre très-cher cousin, le prince de Condé; tant pour l'estime que nous faisons de leurs personnes, que à la recommandation de personnes que nous affectionnons, nous recommandons de ne loger, ny soufrir estre logez aucun desd. gens de guerre, dans sa maison et bourg de Chouilly, scize près Chaalons en Champagne, ny d'y prendre, fourrager ou enlever aucune chose, sous peine aux contrevenants d'estre punis selon la rigueur des ordonnances, ayant pris et mis led. bourg, maison et dépendances en la protection et sauvegarde spéciale de *Sa Majesté* (vraiment!) et la nostre, et permis d'y faire mettre nos armes et pannonceaux, à ce que nul n'y prétende cause d'ignorance[1]. »

[1] Le sceau apposé sur cette pièce porte les armes des ducs d'Orléans : d'azur aux trois fleurs de lis d'or, brisé d'un lambel de trois pendants d'argent. — C'est l'écu déjà figuré au frontispice de l'atlas des propriétés seigneuriales de Chouilly (V. pl. II), et qui couronna les portes du bourg

Nous verrons si les Lorrains respectent la sauvegarde de leurs alliés.

L'armée du duc montra d'abord quelque hésitation dans ses mouvements. Enfin, reprenant l'offensive, elle franchit la Marne et se porta en avant sur la route de Paris.

Une de ses ailes atteignait Chouilly, le 21 août.

Le bourg fut livré au pillage, et quatre de ses habitants, savoir : la femme de Claude Jeoffroy, Jean Lilbert, Antoine Lebel et Jean Lucas, brutalement massacrés.

Le nommé Nicolas Lebour, de Plivot, perdit également la vie dans les rues de Chouilly.

Envahi en l'absence de ses maitres, le manoir des Brunetot fut de nouveau saccagé et livré aux flammes.

Les circonstances de ce douloureux évènement sont relatées dans le procès-verbal d'enquête de la justice du lieu :

« Cejourdhuy vingt deuxiesme jour d'aoust mil six cent cinquante deulz, nous, Simon Randonnet,

---

jusqu'à l'époque de leur démolition. Un privilége d'origine aussi suspecte méritait bien d'expirer entre les mains d'un nouveau Gaston, Philippe-Egalité, ci-devant duc d'Orléans, et titulaire de 1788 à 1792.

lieutenant en la justice de Chouilly, assisté de Henry Collanche [1], procureur fiscal en ladictte justice, Claude Crouot, greffier en icelle justice, sommes transportés suivant les réquisitions qui nous ont esté faict, au logis de Louys de Brunetot, escuier, seigneur vicomte de Chouilly, en partye, dans lequel logis avons trouvé quelques meubles et coffres en iceluy rompeust et brisé, et plusieurs papiers lassérés et mis en piesses, et d'autres espart, mesme deulx combles despandant dudict logis, ardé et brullé par le feu et l'incendy, arrivé et causé par quelques gens de gaire (sic), armée lorraine. Dont et de quoy avons dressé le présent procès-verbal pour servir et valloir audict sieur de Brunetot et autres ce que d'raison, lequel a esté affirmé véritable par maistre Remy de la Coste, prestre curé d'Chouilly; maistre Daniel Lambert, prestre curé d'Oury (Oiry); Claude Collet, Barthélemy Gudin, Jehan Fourché lesné (l'aîné), Adrien Collet, Nivard-Hilaire Bret, demeurant audict Chouilly; Jehan Lebègue, laboureur, demeurant à Plivost; Pierre Brugnart, Hilaire

---

[1] Un manuscrit que nous avons sous les yeux porte que le grand Turenne, au retour de ses campagnes, se détournait exprès pour aller voir à Chouilly le procureur fiscal Henry Collanche. ou Collange. C'était une illustre amitié !

Gallant, Nicolas Lambert, laboureurs, demeurant à Oury, témoingtz. Donné d'nous, juge susdict et témoingtz d'quoy nous avons faict signer cette présente par notre greffier ordinaire, le jour et an que dessus.

» *Signé :* Crouot[1]. »

L'année 1653 fut encore attristée par le meurtre d'un pauvre jeune homme de Chouilly, marié depuis six semaines, Honoré Fourché, « lequel a esté tué le dixhuitiesme de mars par des cavaliers de la garnison du régiment de Gontery. Le mesme jour, un cavalier dudict régiment a esté tué. »

Les alarmes se renouvelèrent à l'approche de l'armée du prince de Condé.

Ne se trouvant plus en sûreté dans leurs demeures, les habitants des campagnes s'enfuirent à Epernay; encore pensèrent-ils en être repoussés. Heureusement, un conseil plus humain prévalut dans l'assemblée, laquelle décida, le 17 avril, « qu'on ne peut empescher les habitans des villages circonvoisins de se réfugier dans la ville, par conséquent ceux de Chouilly[2]. »

---

[1] *Communication de M. le comte de Sainte-Suzanne*, Arch. de la famille.

[2] *Registre des délibérations de la ville d'Esparnay.*

Telle fut la Fronde pour notre infortunée Champagne.

A quelque temps de là (1er décembre 1654), le frondeur Georges de Brunetot comparaissait par devant le président lieutenant général et commissaire examinateur au bailliage et siége présidial de Châlons, sous la qualification préventive de *ci-devant capitaine au régiment de Condé*, et muni de lettres-patentes de Sa Majesté, obtenues le 24 novembre dernier.

Lecture faite de l'édit royal du mois d'octobre 1652, portant *amnistie de tout ce qui s'était passé*, Georges fut admis à bénéficier de ladite amnistie, en prêtant foi, hommage et fidèle obéissance à Sa Majesté : « à la charge, disait le roi, de ne point venir en nostre bonne ville de Paris, ny à dix lieues à la ronde d'icelle, ny aux lieux où nous serons en personne, sans nostre permission et ordre exprès, signé de nous, et contresigné de nostre secrétaire d'Estat[1]. »

Dans ces conditions assez désagréables, quoique méritées, il lui fut permis, en 1656, de reprendre

---

[1] Papiers de famille de M. le comte de Sainte-Suzanne.

du service, avec le grade de lieutenant de chevau-légers au régiment d'Epence.

Son illustre père, le féal Louis de Brunetot, « trespassa de vie à mort » le 3 mai 1659, à peine âgé de soixante ans, mais usé par les fatigues de ses travaux militaires.

Magdeleine d'Averton, sa femme, lui avait donné quatre fils : Charles, Georges, Louis et Robert[1].

Devenu veuf, en 1638, après douze années seulement de mariage, il avait épousé en secondes noces Marie d'Arnoult, dont il n'eut point d'enfants[2].

En vertu du droit coutumier, la maison patrimoniale revint à l'aîné des quatre, Charles, marié en premières noces à Edith de Varimont, qui mourut très-jeune, après lui avoir donné un fils, en 1666; et en secondes noces, à Claire de Forest, dont il eut deux filles : la première, en 1668, Elisabeth, ainsi nommée par sa « marine, madamoyselle Elisabeth de Vignolles », la seconde, en 1673, sans indication de nom.

---

[1] D'Averton porte : de gueules à trois jumelles d'argent (V. pl. XXX, fig. 2).

[2] D'Arnoult porte : d'argent au chevron de gueules accompagné de trois cœurs de même (fig. 3). *Orig. de Champagne*

Un « estat au vray des notaires du bailliage et prévosté d'Esparnay », nous apprend qu'en l'année 1655 il y avait deux *études* de notaire à Chouilly.

« M⁰ Hilaire Tergas, notaire en la résidence de Chouilly, y demeurant, a esté reçu à lad⁰ charge, le 6 janvier 1655, au lieu de Pierre Debas, qui l'avoit acquise du sieur Leclert, qui en estoit pourvu et luy avoit esté vendue par adjudication dud. sieur Roussat, commissionnaire, du 20 octobre 1598.

« M⁰ François Vallois, notaire en lad⁰ résidence de Chouilly, y demeurant, a esté reçu à lad⁰ charge, le 12 novembre 1650, par le décès de Pierre Christien, qui l'avoit acquise par adjudication à luy faicte, en 1640, au mois de novembre, par messieurs les commissaires assemblés en conseil[1]. »

Déjà un demi-siècle auparavant, le contrat de partage entre les héritiers de « damoyselle Catherine de la Chapelle », avait été « soubs singné » par Mᵉˢ Milliart et Galois, notaires « royaulx » en résidence à Chouilly[2].

---

[1] Ms. de la Bibl. d'Epernay.
[2] Papiers de la famille de M. le comte de Sainte-Suzanne.

CHAPITRE XIV

1657-1698.

Biens de la commanderie de Châlons, à Chouilly. — Inondations de 1658. — Quote-part des droits seigneuriaux. — Procès-verbal de visite administrative, en 1672. — Visite archiépiscopale de Mgr Letellier, en 1674. — Georges de Brunetot remplace son frère Charles, à Chouilly, puis se retire au Mesnil. — Remy de la Coste, curé de Chouilly. — Il meurt à Oiry. — Ses successeurs ne font que passer. — Bulle du pape Innocent XII.

La commanderie de l'ordre du Temple, ou plutôt celle de Saint-Jean-de-Jérusalem, qui avait hérité des biens de son rival, détruit au xive siècle, jouissait encore de ses droits sur Chouilly en 1546 et années suivantes.

Un livre « couvert de veau noir » contient plusieurs baux de vignes, jardins, maisons, ainsi que la déclaration des terres de Chouilly, par frère Pierre Pithois, commandeur de ladite communauté à cette époque.

Un registre couvert de parchemin et « relié de même couleur », renferme les baux faits pour vingt-neuf années, par frère Claude d'Igny Rizaucourt, commandeur, de l'an 1594 jusqu'à 1616.

Dans le « sac intitulé : Moulin de Ponreux », se trouvent : 1° quatre copies en papier des baux, tant d'Epernay que de Chouilly, faits en l'année 1657, avec un mémoire des biens réunis par les soins de l'admoniateur Bonnet; 2° un rouleau de parchemin, contenant la déclaration des héritages redevables de cens, situés « tant en la ville d'Esparnay qu'en celles de Choilly, Pierry, Saint-Julien et autres [1].

On nous permettra de citer les articles qui nous concernent :

« Déclaration des terres et autres héritages situez et assis en la *ville* et terroir de Choilly, appartenant aud. sieur commandeur, à la cause susd. faicte par Richard de Vaulx, laboureur aud. Choilly; lequel a tenu pour longtemps et tient encore de présent icelles terres et héritages d'iceluy seigneur, à titre

---

[1] L'expression *villa* que le xviie siècle traduisait par *ville* ne signifie que *métairie* ou *maison de campagne*. De ces maisons rassemblées dans les champs est venu le nom de *village*, d'où génériquement on a dit *villageois*. Aujourd'hui le mot *ville* ne s'applique plus qu'à la cité (civitas.

de louage ou maison de grains, parmi chacun an, un grand septier froment, un grand septier soigle et un septier avoine mesure dud. Esparnay, payant aud. jour St-Martin.

» Et premiers : une pièce de terre assise aud. terroir de Choilly, en lieudict au chemin de Partelaine, autrement dict la Cotelle, contenant environ deux journels et demy, tenant d'une part du costé vers soleil levant, aux hoirs Estienne Brouot, d'autre part à Collesson Colinet, au lieu de Jean Colet, du bout haut à Collesson le Haut-Homme, et d'autre bout au chemin royal.

Item, une autre pièce de terre aud. terroir et licudict Ez-Auches, contenant environ deux journels, tenant d'une part à Collesson Jeoffroy, dit Jayon, du costé vers soleil couchant, d'autre part à Collesson, charron; du bout haut à plusieurs terres, et d'autre bout au chemin venant par dessus la coste de Ternault.

Item, une autre pièce de terre assise derrière ladicte ville de Choilly, contenant environ un journel, tenant d'une part, du costé vers soleil couchant, à Henry de la Motte, et Jeannin Regnard, à cause de sa femme, fille de feu Jean Colet; d'autre part à

Collesson Jeoffroy, dit Jayon ; du bout haut au chemin d'Avize, et d'autre bout au chemin d'Esparnay.

» *Item*, une autre pièce de terre en lieud. la Croyère, contenant environ six journels, tenant d'une part vers le soleil couchant au chemin d'Avize, d'autre part à l'héritage de l'Hostel-Dieu ou maladerie dud. Choilly et à Jappart le Duc, du bout haut à noble homme Jean de Bournonville, à cause de sa femme, seigneur en partie dudict Choilly, et autres, et du bout bas à lad^e Croyère.

» *Item*, une autre pièce de terre assise aud. terroir de Choilly, sur la Borne du moulin à vent qui souloit estre aud. Choilly, contenant environ six quartiers, tenant d'une part, vers soleil couchant, à Collesson le Haut-Homme et à Collesson Jayon, d'autre part à Jean Moët, de Reims ; du bout haut aud. Jayon, et du bout bas à la place dud. moulin.

» *Item*, une autre pièce de terre aud. terroir, assez près des Plantes, contenant environ deux journels, tenant d'une part, vers soleil levant, à Mons. de Bournonville, d'autre part à Drouet Dubois, de Chaalons, et par avant Collesson, charron, et Quentin, de Semoine, à cause de sa femme ; du bout vers midi au chemin du bois, et d'autre bout au chemin d'Avize[1]. »

Les fortifications de Chouilly, qui en 1652 n'avaient pu préserver ce bourg des hordes lorraines, ne le garantirent pas davantage des inondations de l'hiver 1658. On peut même dire qu'elles en constituèrent tout le danger, par l'obstacle qu'elles offraient au libre écoulement des eaux vers la rivière.

« Le 10 et 20 febvrier, grands torrents amenés des montagnes Saran, Corée et Jogasse ont emplis tous les fossés de telle abondance que les eaux ont entrés par les murailles du costé de la chaussée et en haut de Chouilly, comme une rivière, et se sont exallés par la petite porte nommée l'Huisselot », en face de l'abreuvoir.

Développant ce thème, le fidèle chroniqueur reprend :

« En l'année 1658, le 10 febvrier, la terre ayant esté plusieurs fois couverte de quantité de neiges, lesquelles estant fondues, et les eaux ne pouvant entrer dans la terre, à raison des grandes pluies qui avoient continués deux mois, ont causé des torrents

[1] *Arch. de la Marne.*

d'eaux si grands, que depuis les 7 heures du soir les eaux ont entrés dans Chouilly par la muraille proche la tour appelée de Jean, et ont continués jusqu'à dix heures du lendemain en telle abondance qu'elles firent fondre (crouler) plusieurs maisons; et le mesme arrivast le 20 du mesme mois, en sorte que cette grande plaine nommée de l'Huisselot estoit tellement couverte qu'il n'y avoit pas moien de passer et traverser la rue, et continuast ravage l'espace de trois jours, jusqu'à ce que l'eau entrast dans la terre[1]. »

Les droits seigneuriaux de Chouilly devaient nécessairement subir les conséquences de la pluralité des seigneurs *en partie*.

Le seul document qui fournisse quelque lumière à ce sujet est une évaluation du domaine d'Epernay, à l'occasion de la possession qu'en prit, en 1656, son nouveau titulaire, le duc de Bouillon.

« .... Et le 21 novembre 1667, Henry Collange, procureur fiscal de Chouilly; Quentin Miltat et Honoré Boudat, laboureurs, demeurant aud. lieu; assignés aux mesmes fins, Collange, agé de 75 ans; Miltat, de 48, et Boudat, de 57, ont déposé : qu'ils

[1] *Registres paroissiaux*. — Arch. communales.

savent qu'une partie des maisons et des héritages du terroir dudict Chouilly doivent censives aux seigneurs de Chouilly, et que toutes lesd. censives emportent le droit de lots et ventes au profit des seigneurs; et que l'autre partie desd. maisons et héritages sont francs et quittes. Ne peuvent détailler ceux qui sont chargés, ni de combien, et ne savent si lesd. droits appartiennent ou ont appartenu autres fois au domaine du roy, et si ces seigneurs, qui sont : le sieur comte de Vezilly, pour sept parts; le sieur comte de Vaubécourt, pour une part, et le vicomte de Chouilly (Louis de Brunetot), pour une autre part, les neuf faisant le tout, jouissent par engagement ou autrement. Led. Collange a ouy dire (et il ne se trompait pas) que le défunt sieur de Berrieux, au lieu de qui est le sieur de Vezilly, avoit accepté la mairie et le droit du roy; de plus, ont dit les déposants, que chaque habitant doit et paye aux sieurs seigneurs par chacun an, un tiers de boisseau de seigle, qui se partage entre eux par proportion, et que le droit des lots et ventes est de vingt deniers pour livre[1]. »

---

[1] *Ms. collationné par Bertin du Rocheret.* — Bibl. d'Epernay.

Un compte-rendu de 1672 maintient ces chiffres et les applique aux mêmes titulaires.

Une note plus récente, émanée du bailliage d'Epernay, accuse une légère différence. Ainsi, Marie-Madeleine de Castille, femme séparée d'Eustache de Conflans, a sept parts sur neuf; le vidame de Châlons, une part; la neuvième, subdivisée par moitié entre M. de Morvilliers et M. de Brunetot, réduit à un dix-huitième leur humble quote-part; ce qui s'explique par la cession à M. de Morvilliers de la portion de Georges, comme on le verra plus loin.

Et de fait, en 1792, l'un des derniers seigneurs de Chouilly, *en partie*, le duc d'Orléans, déclarera vendre à M. de Pange, entre autres droits et possessions, « le dix-huitième au total de la terre, fief et seigneurie de Chouilly. »

Le procès-verbal de visite administrative du 2 juin 1672 offre des détails intéressants :

« On croit l'église consacrée.

» L'abbé d'Hautvillers présente à la cure.

» Le curé jouit de trois arpents de terre, du quart des grosses dîmes, et du tiers des menues. L'abbé de Gaye, en Brie, prend moitié des grosses dîmes; l'abbé d'Hautvillers prend le quart des grosses dîmes et moitié des menues ; il est obligé à l'entretien du chœur et du cancel (sanctuaire) qui sont en bon état, et la nef aussi.

» Il n'y a point de secours (annexe).

» Ce village est composé de deux cents ménages, qui font environ cinq cent vingt-cinq communiants.

» Un tabernacle de bois doré fort honnête.

» Les autels de Notre-Dame et de St-Nicolas sont décemment ornés.

» Point de confessionnal.

» On allume la lampe.

» On fait fort bien le service, et les paroissiens y sont assidus.

» On fait souvent le catéchisme.

» Nicolas Jacquy est maître d'école ; il a son approbation de M. Thuret ; on est content de sa conduite.

» Les fonts sont situés dans la nef.

» La sacristie est derrière l'autel ; elle est fort propre.

» Le cimetière n'est point fermé ; les bêtes n'y vont point, parce qu'il est sur une montagne.

» La fabrique a 16 livres de revenus et les quêtes.

» Il y a un obit acquitté le vendredi et le samedi.

» Les confréries de Notre-Dame et de S¹-Vincent sont bien administrées, mais ne sont point approuvées.

» Il y a un hôpital et maladrerie ; la chapelle est fondée. Il a six vingts livres de revenus, et vingt boisseaux de seigle, qui se distribuent aux pauvres ; l'argent se porte à Paris au receveur général des maladreries ; on donne vingt livres au curé pour acquitter cinquante-deux messes dans sa paroisse.

» Le château du seigneur a une chapelle honnêtement ornée ; on y dit la messe avec permission de M. Cloquet, autrefois grand vicaire.

» Le presbytère est assez éloigné de l'église ; il est en bon état.

» Le curé s'appelle Remy de la Coste, âgé de soixante-sept ans ; il sert depuis trente-deux ans ; il est fort honnête homme et très-capable ; il est natif d'Avenay, diocèse de Reims. Il est maître ès arts. Il a perdu ses provisions ; il est beaucoup aimé de ses paroissiens [1]. »

Le 8 octobre 1674, Mgr Charles-Maurice Letellier, archevêque et duc de Reims, visitait l'église de

[1] *Arch. de la Marne.* — Liasse concernant Chouilly.

Chouilly, où, par ses ordres, s'étaient rendues processionnellement, avec leurs curés, les *paroisses* de Mareuil, de Cramant, de Cuis et de Pierry.

Le nombre des confirmants inscrits pour la seule paroisse de Chouilly fut de quatre-vingt-onze.

Le seigneur de Chouilly était toujours l'écuyer Charles de Brunetot.

Georges, son frère, n'y possédant d'autre immeuble qu'une maison de culture[1], acquise du sieur Saclé, en la rue Basse, ou petite rue Ménillon[2], s'était fixé au château du Mothé et Sainte-Suzanne, fief qui relevait du puissant marquisat de Dampierre-sur-Aube.

Rien ne faisait pressentir qu'il dût sitôt répudier ce domaine, lorsque, par contrat d'échange, du 3 octobre 1675, il permuta le tout contre la part et portion appartenant à Charles de la seigneurie de

---

[1] «.... Un corps de logis, estable, grange, cour et jardin y attenant, tenant d'une part à Barthelemy Guérin, d'autre à une ruelle commune; d'un bout sur ladite rue et y faisant son entrée, d'autre au rempart. » — *Contrats d'échange, 1675, et de vente, 1684.* — C'est la maison actuelle de M. Vallois-Debas.

[2] Mal renseigné, le plan cadastral écrit : rue *Mélignon*, au lieu de *Ménillon*; comme il métamorphose *Cuchot* en *Culschauds*, *Longe-Fontaine* en *Longue-Fontaine*, et tant d'autres dénominations contredites par tous les anciens titres.

Chouilly, qui mouvait, avons-nous vu, « de Monsieur le duc de Bouillon, estant ès droits de Sa Majesté, à cause de sa chastellenie d'Espernay. »

Aux termes du même contrat, Charles de *Brunetaut* se réserve de porter sa vie durant la qualité de seigneur de Chouilly, et entend que « ledit sieur Georges de Brunetaut laissera jouir damoiselle Marie Arnoult, sa belle-mère, d'une chambre de la maison seigneurialle dudit Chouilly », et son frère Louis de la franchise perpétuelle du droit de pressurage.

La mort, qui ne respecte rien, enleva, dans la fleur de son âge, « le huitiesme jour du mois d'april 1679, honorable dame, Jeanne Fournier, fille de noble homme, Pierre Fournier, escuier, seigneur d'Amblancourt (Ablancourt), » et nièce de Gilles de Porte, prêtre, chapelain de la reine Marie de Médicis.

Jeanne avait épousé, le 28 octobre 1665, « honorable homme, Georges de Brunetot, autrement dit M. du Mesnil, seigneur de Chouilly, en partie. »

Elle fut inhumée « à l'église de Chouilly, à la place seigneurialle[1] de laditte église. »

[1] La même qui, en 1633, avait reçu la dépouille de Pierre de Brunetot, et précédemment celle de Jeanne de Monspoix, sa mère. Aujourd'hui l'on se demande quelle pouvait être cette place réservée pour la sépulture des sei-

Son dernier né, Nicolas, baptisé le 21 octobre 1678, avait à peine cinq mois.

Frappé dans ses plus chères affections, Georges de Brunetot ne songea plus qu'à se défaire d'une maison témoin de ses larmes et de ses regrets, pour se retirer au Mesnil avec ses six enfants mineurs.

Par suite, la seigneurie de Chouilly trouva maître en la personne de « Messire Louis Taverne, seigneur de Morvilliers[1], directeur général des fermes du roi à Chaalons, y demeurant », et allié, par Anne Cappy[2], sa femme, à la branche aînée d'une noble famille de Mantoue, venue en France en 1628.

L'acte de vendition est du 14 février 1684.

Georges déclare céder maintenant et pour toujours « la maison seigneurialle dudit Chouilly, avec ses appartenances et despendances, qui consistent

gneurs du lieu, et dont on ne retrouve aucun vestige. Elle devait cependant exister à l'intérieur de l'église, puisqu'à l'élévation de chaque messe un cierge devait y brûler, et qu'à l'issue des vêpres le magister avait charge d'y chanter un répons de l'office des Morts.

[1] Taverne de Morvilliers porte : d'azur à deux épées d'or posées en chevron, accompagnées de deux besans et d'une molette d'argent, 2 et 1 (V. pl. XXX, fig. 6).

[2] De Cappy porte : d'azur à un chevron d'or, accompagné de trois merlettes de même, posées deux en chef, et l'autre en pointe de l'écu (fig. 4).

en un corps de logis dans lequel il y a une chapelle, dont il cedde aussy les ornements audit acquéreur, avec les tableaux qui sont dans icelle, à l'exception d'un tableau du Crucifix de Nostre-Seigneur....; colombier, grange, estable, cour, jardins, cellier, pressoir....; le tout environné de fossez et de murailles; un clos en bois et en pré fermé de fossez d'un costé, et de la rivière de Chouilly de l'autre. Plus, la part et portion qui appartient et peut appartenir audit vendeur en la seigneurie dudit Chouilly, suivant l'acquisition qu'il en a faite par eschange d'entre luy et Charles de *Bruneteau*, son frère, escuier, seigneur, en partie, dudit Chouilly, par devant Laguille et Roget, notaires à Chaalons, le troisiesme d'octobre 1675, droits seigneuriaux, haulte, moyenne et basse justice, droits de chasse et de pesche sur le terroir et sur la rivière dudit Chouilly, et ce qui appartient audit vendeur des droits seigneuriaux et de justice.... *Item*, deux parts, les cinq faisant le tout, en un moulin[1], en

---

[1] Il était situé à l'ouest-nord, en lieudit les Terres-Jaunes, et ne doit pas être confondu avec celui de *la Nation*, dressé en 1792 sur la butte où se voit la croix Acquinet, le long du vieux Chemin-du-Roi, réformé en 1744.

bas dudit Chouilly, et moityé par indivis de la maison dudit moulin où loge le mosnier, plus les terres labourables... Une autre maison sise audit Chouilly, en la rue du Ménillon... et généralement tout ce qui est contenu dans son lot de partage. »

Le tout adjugé pour la modique somme de quinze mille livres, comme prix principal, et de trois cents livres d'arrhes payées comptant.

Après quarante-et-une années de ministère, le *fort honnête homme* et *bien-aimé* pasteur, Remy de la Coste, avait fait ses adieux à Chouilly, le 15 juin 1681, comme il le dit lui-même, « à cause de son aage (76 ans) et du difficulté de chemin qu'il y a à monter à l'église », et était devenu curé de Huiry (Oiry), poste qu'il occupa jusqu'à sa mort, arrivée le 24 mai 1685. Son corps, ramené à Chouilly, repose dans le chœur de l'église, sans inscription tumulaire.

Estienne Rasse, son successeur, né à Plivost, en 1653, habita le presbytère de Chouilly du 3 août 1681 au 14 décembre 1688. Le procès-verbal de visite administrative de 1686 résume en deux mots la biographie d'Estienne Rasse : « Il a esté élevé dans le séminaire ; Mgr lui a ordonné d'instruire. »

Le même document relate qu'à cette époque le doyen de Gaye, décimateur à Chouilly, était l'évêque d'Orléans.

Installé le 12 février 1689, comme curé de Chouilly, Legrand se retire le 17 mai suivant. Il est remplacé par Frison, qui reste six semaines.

Antoine Wiart, nommé le 16 juillet 1689, à l'âge de trente ans, ne jouissait pas d'une bonne santé. Cinq années d'administration paroissiale suffirent pour le mener au tombeau. Encore demeura-t-il seize mois alité, à partir de la cruelle disette de 1693 [1], se faisant suppléer dans ses fonctions par Jean Coltier, curé de Huiry.

L'infortuné Wiart, épuisé de souffrances, « rendit son âme à Dieu » le 7 juin 1694, et fut inhumé dans l'église de Chouilly par « maistre le vénérable doyen du doyenné d'Espernay. »

La piété du nouveau curé, Jean Mouton, et de ses paroissiens eut lieu d'être réjouie, en 1698, lorsque arrivèrent de Rome les lettres d'indulgences accordées à perpétuité, par le pape Innocent XII, à la

---

[1] Le blé valut 7^l 18^s le boisseau. et le seigle. 5^l 15^s. — *Ms. de la Bibl. d'Epernay*.

confrérie du Saint-Sacrement, érigée dans l'église Saint-Martin de Chouilly[1].

Puisse la foi des aïeux revivre toujours parmi leurs descendants!

---

[1] V. à l'art. v de l'*Appendice* la traduction de cette bulle, et son visa par l'ordinaire.

CHAPITRE XV.

1705-1722

Suite des seigneurs, en partie. — Alliances illustres. — Nouvel incendie, en 1707. — Départ de Jean Mouton. — Famine de 1709. — Pierre Piétrement, curé. — Fonte de cloches, en 1709 et 1719. — Le dernier des Brunetot se retire. — Procès-verbal de visite administrative. — Tailles de 1715 à 1722. — Observation du contrôleur.

Depuis le brillant *chastelain de Choilly*, Regnault de Bossu, bailli de Vermandois, vers l'an 1550, les titulaires des sept parts sur neuf, de la seigneurie, furent, par ordre chronologique : le sieur de Berrieux, vers l'an 1580 ; Jean de Bournonville [1], vers l'an 1650 ; le comte Eustache de Conflans, seigneur de Vezilly, vers l'an 1665 ; Marie-Madeleine de Castille, femme séparée d'Eustache, vers l'an 1670, dont les droits échurent, par voie d'acquêt, à Jacques Charuel, maître des comptes, en 1722.

[1] De Bournonville porte : de sable au lion d'argent armé, lampassé et couronné d'or, la queue fourchue et passée en sautoir. (V. pl. XXX. fig. 8).

Il est à remarquer qu'aucun d'eux n'habita Chouilly [1].

Le premier seigneur, *en partie*, que nous ayons rencontré dans le château civil, ou manoir seigneurial, bâti vers la fin du xve siècle, est le sieur de Monspoix.

A l'exception de Jeanne, l'alliée des Brunetot, sa descendance, depuis les malheurs du château-fort, paraît avoir définitivement quitté le pays, sans qu'il soit possible d'en suivre les traces.

De même, le départ, en 1684, du sieur du Mesnil, Georges de Brunetot, ne laissait à Chouilly d'autre membre de la famille que le vicomte Louis, tandis que la maison patrimoniale passait aux Morvilliers.

Mais, retenu à Metz, par sa nouvelle charge de conseiller du roi et de commissaire des guerres au département de cette ville, Louis Taverne ne paraissait guère qu'à la saison des villégiatures dans son château de Chouilly ; et son épouse, Anne Cappy, trouvait, de son côté, le séjour de Châlons de beaucoup préférable, pour l'éducation de ses filles.

Cependant, le 10 août 1705, Jean Mouton mariait

---

[1] Marie-Madeleine de Castille demeurait à Paris.

dans l'église de Chouilly, avec permission signée de Mgr Gaston-Jean-Baptiste-Louis de Noailles, évêque et comte de Châlons, messire Jean Tisserant, avocat à la cour, fils de messire Jean Tisserant, président au grenier à sel de Beaufort-Montmorency, demeurant à Vitry-le-François, et damoiselle Anne Taverne de Morvilliers, de la paroisse Notre-Dame-en-Vaux de Châlons, en présence de messire Joseph de Torcy, conseiller du roi et son procureur en l'élection de Vitry-le-François ; de Joseph Jacobé, seigneur de Pringy, Soulanges et autres lieux, beaux-frères du futur ; de messire Louis Taverne de Morvilliers, père de la future ; de Jean-Louis Cappy, conseiller du roi, commissaire des guerres dans le département de Sedan, son oncle, et d'autres parents et amis qui ont signé sur la minute.

Peu après, une autre fille du seigneur, en partie, de Chouilly, damoiselle Anne-Catherine de Morvilliers, s'unissait à messire Claude-Philippe Clozier [1], écuyer, seigneur de Soulières, conseiller du roi,

---

[1] De Clozier porte : d'argent au chevron de gueules, chargé de deux croissants d'argent, et accompagné en pointe d'une merlette de sable sur une branche d'olivier de sinople (V. pl. XXX, fig. 7). — De Caumartin, *Recherches sur la noblesse de Champagne*.

trésorier général de France en la généralité de Champagne, lequel, par cette alliance, reçut en dot la seigneurie de Chouilly, au lieu et place de son beau-père, Louis Taverne.

Les derniers échos de ces fêtes étaient à peine expirés, lorsque éclata, dans la soirée du 14 avril 1707, un désastre épouvantable, une de ces calamités qui font époque dans les annales d'un pays.

L'incendie! mais un incendie plus terrible encore que celui de 1623, dévorait presque en entier le malheureux bourg de Chouilly, et le replongeait dans la pire des détresses.

Au tableau idéal qu'une imagination inventive ne manquerait pas d'offrir, nous avouons préférer le récit simple et véridique consigné dans les registres du greffe de l'élection d'Epernay. Son caractère d'enquête officielle lui donne un puissant intérêt :

« Cejourd'huy, 18 avril 1707, environ une heure après midy, nous, Louis de Frontigny, conseiller du roi, lieutenant criminel en l'élection d'Epernay, sur ce qui nous a esté remontré par Mᵉ Toussaint Allan, procureur du roi en laditte élection, qu'il auroit eu avis que le jeudy quatorze du présent mois, environ les six heures du soir, le feu auroit pris dans une maison de Chouilly, composé de deux cent cinq feux, qui, à l'aide d'un grand vent s'estant échappé dans les maisons voisines, auroit, en moins de deux heures de temps, consumé presque tout le village, sans qu'il ait esté possible d'y apporter aucuns secours, tant par ce que touts les habitants dudit lieu, dont la plupart sont laboureurs, les autres vignerons, estoient pour lors aux champs, que par ce que la violence du vent estoit si grande qu'il n'estoit pas possible d'y apporter aucuns secours et d'aller au devant du feu pour l'éteindre, de manière que les maisons ont estez entièrement brulées, qu'il est mesme péry dans le feu plusieurs femmes et enfants, que les meubles des habitants ont estez presque tous perdues, n'y en ayant eu de sauvez que ce que quelques femmes en ont pu emporter hors du village; ceux que l'on avoit détournez dans les grandes courres ayant estés pareillement allumés par la grande ardeur du feu, et consumez en un instant, aussy bien que les grains et fourrages des laboureurs, leurs charettes, et presque tous leurs bestiaux, que mesme les rolles des tailles de l'année dernière et ceux de la présente année ont estez brulez dans les coffres où ils estoient enfermez;

pourquoy nous a requis de nous transporter audit village de Chouilly, pour connoistre de l'incendie et de son estat, et en dresser notre procès-verbal. En conséquence de quoy nous nous sommes transportés audit lieu de Chouilly avec ledit procureur du roy et notre greffier ordinaire, où estant arrivés, nous aurions estez joints par le sieur curé du lieu, le sieur de Brunetaux, seigneur en partie, et les principaux habitants dudit lieu, avec lesquels ayant parcourus tout le village, et examinés toutes les maisons les unes après les autres, nous aurions reconnus et remarqués qu'en effet presque tout le village est réduit en cendres, ce que l'on n'a pu éviter, par ce que le feu ayant pris à une maison qui est directement sur un coin qui fait le milieu du village, du côté du nord, le vent qui en soufflait avec grande violence, a, dans un mesme temps, porté le feu sur plusieurs maisons à la fois couvertes de pailles, et les a consumées à la réserve d'environ trente des moindres qui sont sur le bord d'une petite rivière, pareillement du côté du nord et en dessous de celles où le feu a pris ; le surplus, au nombre de *cent soixante-treize,* estant dans un estat à toucher les plus insensibles, puisque l'on ne voit de reste de toutes ces maisons que les pignons et les murailles, dont plus de la moitié sont prest à tomber, les carreaux dont ils sont presque touts construits estant réduits en poudre; tous les bois, les portes et fenestres estant aussy bruslez et réduites en cendre, et dont il ne reste que quelques tisons. L'on ne voit que des monceaux de bled, qui fument encore, et des débris de meubles, charettes et charues, quelques chevaux, grands nombres de vaches, toutes les volailles bruslez, et le peuple dans la dernière nécessité et consternation ; trois d'entre eux ayant perdus leurs femmes, qui ont esté brulez avec trois enfants, ainsy qu'il nous a esté certiffié par le sieur curé, pour avoir enterré deux desdites femmes le lendemain, et la troisième n'ayant été retrouvée que deux jours après, dans les ruines de sa maison; ledit sieur curé nous a certiffié pareillement qu'un calice estant en dépôt chez luy, à cause de l'éloignement de l'église du village, a esté fondu par le feu, et que les collecteurs des tailles de l'année dernière et de la présente année n'ayant rien sauvé de leurs meubles, les rolles ont esté bruslez. De tout ce que dessus nous avons dressez notre procès-verbal pour servir auxdits habitants ce que de raison, auquel nous avons joint un mémoire contenant les pertes que chaque particulier a fait par ledit incendie, lequel mémoire nous a été certiffié par le sieur curé, Brunetaux, et principaux habitants. Fait les jour et an susdits.

» *Signé :* Bertin ; avec paraphe. »

Cent soixante-treize maisons sur deux cent-cinq devenues la proie des flammes !

Les noms des victimes sont : Pasquette Carré, femme de Barthelemy Doué, âgée de cinquante ans ; Marie Champion, femme de Pierre Vallois, âgée de trente-cinq ans ; Anne Colet, femme de Jean Aubry, âgée de quarante-trois ans ; Marie Legras, fille de Pierre Legras, maréchal, âgée de trois ans, et deux autres jeunes enfants.

Les registres paroissiaux de 1706 furent consumés ; ceux de l'exercice courant, 1707, portent les traces du feu. Le reste, déposé dans une armoire de la sacristie, dut à cette circonstance d'avoir été sauvé.

Du presbytère et de ses dépendances, qui étaient considérables, il ne resta debout que le mur sud du corps de logis.

Jean Mouton, découragé, n'attendit pas la dure

saison pour s'éloigner. Ses infortunés paroissiens se virent obligés d'en faire autant. Une note extraite du registre des actes de baptêmes d'Epernay, commençant en 1696, et déposé au greffe du tribunal de cette ville, le dit en propres termes :

« .... Furent contraints les pauvres gens de se réfugier à Epernay et autres lieux circonvoisins, ayant tous abandonné leur *patrie*; on les logeait charitablement. Ledit bourg a commencé de se rétablir l'année d'ensuite, 1708, sur la fin du mois de mars. Dieu nous veuille préserver de tel accident par sa sainte grâce. Ainsi-soit-il. »

Pour guérir de si grands maux et réparer de si effroyables pertes, il eût fallu de longues années de calme et de prospérité.

L'hiver de 1709, dont la rigueur surpassa tout ce qu'avaient fait souffrir ceux de 1606 et de 1684, fut, pour Chouilly aux abois, comme le dernier coup destiné à consommer sa ruine.

Ici encore, nous ne pouvons résister au désir de citer le témoignage d'un contemporain. Il y aurait beaucoup à retrancher pour l'élégance de la diction : nous aimons mieux laisser à la poussière des temps ce qu'elle a de vénérable :

« Du mois d'octobre 1708 en cette année (1709), commencement de misère et famine rude, du long hiver ; et les plus vieux de ce temps n'avoient jamais vu son pareil. De sorte que tous les engrains furent gelés dans terre, universellement partout, sans espérance d'en recueillir un grain, ce qui arriva en avril. On fut contraint de bouleverser les terres et d'y semer des orges à la place. Le pain y a valu jusques à six sous la livre, et n'estoit que du gruau d'orge et d'avoine, qu'il falloit aller quérir à Chaalons, à Vitry et autres pays circonvoisins, avec beaucoup de peine et de fatigue, courant grand risque, à cause des voleurs qui estoient dans les chemins ; et n'avoit pas encore de ce pain qui en vouloit pour son argent, pour la multitude du peuple qui voltigeoit de toutes parts ; de sorte que les Chaalonnois furent contraints de garder leur ville, tant dedans que dehors, de mesme les portes bouchées, aussy bien qu'à Vitry-le-François, Reims et autres pays circonvoisins. Enfin, la misère estoit si grande partout, et la famine si insupportable,

---

[1] En temps ordinaire, il valait sept ou huit sous les *neuf livres*. C'était donc une différence de quarante-six sous, au moins, par chaque pain de neuf livres.

que ce n'estoit que rébellion en beaucoup d'endroits, dont plusieurs personnes, tant hommes que femmes, ont esté punies quant au corps; d'autres qui ont encouru la mort par le gibet.

» Les vignes en furent pendant deux ans sans porter, tant pour cause de gelée universelle qui arriva au mois de may de l'année précédente 1708; en 1709, elles ne jetèrent que très peu de bois, de sorte qu'il a fallu arracher la plus grande partie de mort, pour la trop grande froidure de l'hiver, que l'eau geloit dans les puits, si profonds qu'ils pouvoient estre[1]. Enfin, la misère estoit si grande, et le peuple si consterné, que l'on pouvoit dire avoir esté deux ans entiers sans pain ni vin. Dieu nous préserve de tels accidents, s'il lui plaît! On descendit dans cette année le suaire de saint Remy à Reims, et de sainte Geneviève à Paris[2]. »

La paroisse de Chouilly, qui comptait vingt décès en moyenne, en eut trente-sept en 1709.

---

[1] Certains détails paraîtraient exagérés, si l'on ne savait que durant ce fatal hiver de 1709 les rivières, les fleuves et quelques parties de la mer ont gelé à une profondeur de 12 à 15 pieds. Malheur aux imprudents attardés sur les chemins! Louis XIV vendit sa vaisselle pour secourir les pauvres, et Mme de Maintenon se réduisit au pain d'avoine.

[2] *Registres paroissiaux.*

C'étaient là de tristes débuts pour le jeune curé appelé à recueillir l'héritage d'angoisses de Jean Mouton.

Pierre Piétrement, né à Cumières, en 1676, fut nommé curé de Chouilly le 1er janvier 1708, et installé le 19 mars suivant. Il avait trente-deux ans, et était bachelier en théologie.

Le 6 mai 1709, comme diversion à la famine, il fit refondre à Cumières, son pays natal, la petite cloche de Chouilly, par le maître fondeur Jean Lambert; et le 12 du même mois, il procédait à sa bénédiction.

« Elle a été nommée, disent les registres paroissiaux, Anne-Catherine, par messire Claude-Philippe Clozier, escuier, seigneur de Soulières, Chouilly, etc., conseiller du roy, trésorier général de France en la généralité de Champagne; et Mme Anne-Catherine de Morvilliers, son épouse; en présence de messire Louis de Brunetot, escuier, seigneur en partie de Chouilly; de Michel Lesterlin, recteur d'école; Isaac Le Dieu, Edme Randonnet, marguilliers; Nicolas Baveret, lieutenant de la justice; Christophe Hostomme, procureur fiscal; Pierre Milta et Louis Lambert, syndics; Jean Brugnart, Jacques Siret,

Jean Collet, Henry Champion, tous habitants de ce lieu. »

Dix années plus tard, même opération, accompagnée de même cérémonie pour la grosse cloche.

Elle fut bénite « l'an de grâce 1719, le dernier jour de juillet, par M*e* Pierre Piétrement, prêtre, bachelier en théologie, curé de Chouilly, doyen rural de la doyennée d'Epernay, et nommée Marie-Anne-Ursule, par messire Alexandre-Firmin Delaistre, seigneur d'Aubigny, conseiller du roy, président, lieutenant général au bailliage dudit Epernay ; et par Mme Marie-Anne-Ursule Deniset, son épouse; en présence de Pierre Vallois et Augustin Collet, marguilliers; Louis Collange et Louis Milta, syndics; Louis Vallois, lieutenant de la justice des seigneur et dame de Chouilly ; Christophe Hostomme, procureur fiscal, et plusieurs autres. »

L'acte est signé par : Delaistre-Denis et d'Aubigny, Clozier de Morvilliers de Soulières; le chevalier Olivier de Bonneval, Parchappe des Noyers, Geoffroy Parchappe, Louis Vallois, lieutenant ; Truc, Pierre-Louis, écuyer ; Delaistre.

Le nom des Brunetot ne figure plus, cette fois,

parmi les témoins dénommés ou signataires. C'est qu'en effet la situation faite au vicomte Louis avait déterminé, en septembre 1715, le départ de cette noble lignée, qui, sous un nouveau titre, donnera un général à l'Empire, et un pair de France à la Restauration.

La descendance des comtes de Bruneteau de Sainte-Suzanne, mêlée au sang des Mêeus, des Du Boys de Riocour, des de La Tullaye, continue de nos jours les rares traditions d'honneur qu'elle tient de ses ancêtres[1].

Le procès-verbal de visite de 1712 ajoute aux renseignements de celui de 1672 :

« Il y a une confrérie du Saint-Sacrement, avec indulgences plénières accordées par Innocent XII, par sa bulle du 2 juin 1698, vue par M. de Véraucourt, le 24 décembre suivant.

» Les bâtiments de l'Hôtel-Dieu sont détruits.

» Il y a une chapelle dans le château de M. de Soulières, par une permission verbale qu'on dit avoir été obtenue, il y a longtemps, de M. Cloquet,

---

[1] De Bruneteau de Sainte-Suzanne porte : d'azur au lion d'or, surmonté d'une étoile de même, et accompagné de deux colonnes couronnées d'argent. — *De Caumartin.* — (V. pl. XXX, fig. 5.)

vicaire général; elle est décemment ornée, mais elle n'est pas fondée. M. le Féron a permis de dire la messe dans cette chapelle, sur le procès-verbal de visite faite par M. Aubert, doyen d'Epernay, le 15 juin 1684. La permission est datée du 24 juin de la même année, et est accordée à condition que le prêtre séculier ou régulier qui dira la messe ne sera point obligé de la dire ailleurs[1]. »

Avec le temps, et au prix de courageux efforts, le bourg de Chouilly renaissait, pour ainsi dire, de ses cendres.

En 1722, il présentait un effectif de cent quatre-vingt-six feux ou ménages, dont trois exempts d'impositions fiscales, trois insolvables, et cent quatre-vingts imposés.

Le produit des tailles, basé sur la fortune, ou, si l'on veut, sur l'indigence publique, s'élève, en cette même année 1722, à 2,818[l].

En 1715, il avait été de 2,230[l]; en 1716, de 2,088[l]; en 1717, de 2,223[l]; en 1718, de 2,160[l]; en 1719, de 2,400[l]; en 1720, de 2,493[l]; et en 1721, de 2,569[l].

Il y a loin encore de ces chiffres aux 14,829 francs 85 centimes des contributions directes de 1864.

[1] *Arch. de la Marne.* — Ibid.

Aussi, au mot Chouilly, le contrôleur observait-il avec plus d'à-propos que d'orthographe : « Vignoble et labeure médiocre ; paroissiens onts de la peine de se racomoder depuis leurs incendie (*sic*). [1] »

[1] *Etat pour les coupes des tailles, 1722.* — Ms. de la Bibl. d'Epernay.

CHAPITRE XVI.

1722-1778.

Jacques Charuel achète de Mme de Vezilly. — Mort de Pierre Piétrement. — Un religieux carme *dessert* la paroisse. — Jean Discours. — Supplique de Itant de Beaurepaire. —Testament de Jean Milta. — Un mot sur les Collange de Chouilly. — Visite du coadjuteur. — Funérailles de Jean Discours. — Jean-Antoine Gentilhomme, — Jean-François Lethinois, — Nicolas-Remy Dureteste, curés successifs.

Ce fut en 1722 que la portion de Marie-Madeleine de Castille, c'est-à-dire les trois quarts de la seigneurie de Chouilly, eut pour acquéreur Jacques Charuel.

Né le 19 février 1682, de Robert Charuel[1], avocat, puis assesseur en la maréchaussée d'Epernay, et de Marie de Verger, Jacques avait dix-neuf ans lorsqu'il hérita de plus de cent mille écus, de Charuel

---

[1] Charuel porte : d'azur au chevron d'or, accompagné de trois massacres de même. (V. pl. XXX. fig. 11.)

de Sancy, son grand-oncle, décédé en 1701. La mort de son oncle Charuel de Breuil, arrivée en 1709, et la cession des biens de Charuel de Cuis, son frère, moyennant une rente viagère, éteinte en 1724, ne firent qu'augmenter l'éblouissante fortune de Jacques.

Devenu maître des comptes à Paris, en 1710, il vendit la maison paternelle d'Epernay seize mille livres au subdélégué Philippe Denizet, et le vendangeoir maternel d'Ay, quatre mille livres au sieur Billecart, conseiller à Châlons ; après quoi, il crut pouvoir se lancer dans les grosses dépenses et les folles entreprises.

Le vendangeoir qu'il fit bâtir à Ay et une autre maison sur le quai des Théatins lui coûtèrent l'énorme somme de quatre-vingt mille écus (240 mille livres).

Ruiné en moins de quinze ans, il se vit forcé de vendre sa charge de maître des comptes, et mourut insolvable, à l'âge de cinquante-cinq ans, en 1737.

Il avait épousé, en 1711, Marie-Ursule-Elisabeth Charpentier, née à Paris, le 25 septembre 1695, de Jean-Arnaud Charpentier, maître des comptes, et de Elisabeth Antissier. Elle était dans sa treizième année lorsqu'elle fut baptisée, le 1ᵉʳ avril 1708, trois ans seulement avant son mariage. Justement inquiète du désordre des affaires de son mari, elle avait eu la sage précaution de se faire séparer de biens, et adjuger pour ses reprises et conventions matrimoniales, évaluées à quatre-vingt mille livres, le beau vendangeoir d'Ay, avec quarante-cinq arpents de vignes, et la terre seigneuriale de Chouilly.

Revenons maintenant à la maison des Morvilliers.

De son second mariage avec Marie Deya [1], Louis Taverne avait eu une fille, Marie-Anne, qui demeura orpheline de bonne heure.

Le 8 novembre 1734, plus de vingt-huit ans après le mariage de sa sœur aînée, damoiselle Marie-Anne de Morvilliers, de la paroisse de Notre-Dame-en-Vaux de Châlons, épousait, dans l'église de Chouilly, messire François, comte de Ligondes, capitaine dans le régiment du mestre de camp général de dragons, fils de messire Claude, comte de Ligondes, Auvilly et autres lieux, et de dame Catherine de Libœuf de Saint-Féréol ; en présence de

---

[1] Deya porte : d'azur au chevron d'or, accompagné de trois œillets de même (V. pl. XXX, fig. 9).

messire César-Antoine Taverne de Morvilliers, commissaire des guerres, oncle de la future ; messire Claude-Philippe Clozier de Soulières, son beau-frère, écuyer, président trésorier de France au bureau des finances de Châlons; messire Claude Deya, écuyer, greffier en chef au bureau des finances de Champagne; messire Jean-Baptiste Héron de Courcy, écuyer, directeur général des vivres ; et messire Pierre-Philippe de Bar, notaire royal ; tous domiciliés à Châlons.

Cette bénédiction nuptiale donnée « par ordre et avec la permission de Mgr Claude-Antoine de Choiseul, évêque-comte de Chaalons, pair de France », fut l'un des derniers actes dignes d'être relatés, de l'administration de Pierre Piétrement, qui mourut le 28 février 1740, et fut inhumé le lendemain, dans le chœur de l'église, du côté de l'épître, par Billet, curé d'Ay, doyen rural d'Epernay; en présence de Lajoye, curé de Cuis ; Billy, vicaire de Mareuil ; Régniez, *régent* d'Ay.

Une dalle en marbre noir, portant une inscription très-simple, a été placée sur son tombeau, et s'y voit encore :

Il avait passé trente-deux ans à Chouilly ; l'inscription dit trente-trois[1].

Pendant les deux mois d'intérim qui suivirent, la paroisse fut *desservie* par frère Sauveur, religieux carme, envoyé trois semaines avant la mort du titulaire. La prise de possession de Jean Discours rendant sa présence inutile, il partit, le 15 avril, rejoindre sa communauté.

Un nouveau maître occupait alors le château des Brunetot et des Morvilliers.

[1] Le procès-verbal de visite de 1726 constate que Pierre Piétrement avait une servante âgée de 72 ans. Elle devait avoir l'âge canonique !

Héritier de leurs droits, il voulut l'être aussi de leurs priviléges. Le 4 mars 1741, il écrivait à l'archevêque de Reims, Armand-Jules de Rohan :

« Supplie et remontre très-humblement Louis-Charles Itant de Beaurepaire [1], escuyer, seigneur de Chouilly, lieutenant de la grande-fauconnerie de France, disant que sa maison seigneuriale dudit Chouilly, où il fait sa résidence actuelle, étant fort éloignée de l'église, et le chemin qui y conduit très-fâcheux en hyver, de sorte qui luy seroit quelque fois presque impossible de pouvoir aller entendre la messe ; pourquoy il auroit esté permis aux seigneurs prédécesseurs du suppliant, de dresser une chapelle dans le château dudit Chouilly, et y faire célébrer la messe; comme il appert par une supplique présentée le six juin 1684, et respondu par messire Leferon, vicaire général ; vu que la mesme permission auroit esté continuée à M. de Soulières, mon prédécesseur immédiat. Ce considéré, Monseigneur, vu le procès-verbal de visite faite par M. de Servilly, commissaire député de Votre Altesse, en

---

[1] De Beaurepaire porte : d'azur à l'anneau d'or, le chaton en haut, garni d'un diamant au naturel, à la bordure engrelée d'or. (V. pl. XXX, fig. 10.)

l'année 1739, par lequel il constate de la décence de la chapelle, comme de celle des ornements nécessaires pour le saint sacrifice de la sainte messe, il plaise à Votre Altesse de continuer au suppliant la permission d'y faire célébrer le saint ministère, aux jours de dimanches et festes chômables, pour luy, sa famille et ses domestiques. Ce faisant, il sera obligé de faire des vœux et des prières pour la santé et prospérité de Votre Altesse[1]. »

Il est présumable que la requête du pieux écuyer reçut bon accueil, et que la « capelle castrale de Sainct-Joseph », témoin, le 28 mars 1657, du baptême d'un fils de « Toussaint Cappy, mestre d'hôtel de Sa Majesté », fut quelque temps encore pourvue d'un chapelain.

L'histoire doit signaler à la reconnaissance de tous, l'un des plus généreux bienfaiteurs du pays.

Jean Milta, prêtre, chanoine de l'église métropolitaine et proviseur du collége de l'université de Reims, né à Chouilly, le 3 janvier 1682, mourut à Reims, le 4 janvier 1759.

Par son testament olographe du 17 janvier 1757, il fonda audit collége, en faveur de deux enfants de

[1] *Arch. de la Marne.*

sa famille, et à leur défaut, en faveur de deux enfants de Chouilly, lieu de sa naissance, dit-il, deux bourses représentées par un capital de *quarante mille livres* à lui dû sur l'hôtel de ville de Paris.

« Lesdites bourses seront données à des parents ou autres, à leur défaut, aussitôt qu'ils auront les premiers principes de la langue latine, et seront capables de la sixième. Ils en jouiront tout le temps de leurs études, de leur licence, même six mois après être licenciés; et si, dans le nombre des pourvus, il s'en trouve qui, après avoir fait leur cours de philosophie et de théologie, ne soient point appelés à l'état ecclésiastique, s'ils veulent suivre les leçons de droit ou de médecine, ils en jouiront également pendant leur licence, même six mois après leur licence finie.

» J'entends que dans le cas où il n'y auroit point de sujets pour remplir ces deux bourses, ou qu'il n'y en auroit qu'un, le revenu, soit des deux ou d'une, soit placé pour l'augmentation des bourses, à la réserve de cent livres, qui seront distribuées chaque année vacante, aux pauvres de la paroisse de Chouilly. »

Trois parents du testateur et un jeune homme de

Chouilly profitèrent des bourses pour leurs études ; et puis, ce fut tout : l'œuvre de Jean Milta disparut à jamais dans le gouffre révolutionnaire.

Marie Collange, sa mère, était petite-fille du procureur fiscal Henry Collange, l'ami de Turenne, et nièce d'Alexandre Collange de la Griffaine, chevalier de Saint-Louis, aide-major au régiment de Beaupré-Choiseul, mort de ses blessures, en 1721, après quarante-deux ans de service militaire.

Un autre de ses oncles, Nicolas Collange, d'abord enseigne de la compagnie de la Roche-Guyon, puis garde de la marine, au département de Rochefort, est décédé major du régiment des Milices à la Martinique. Il était l'aïeul de ce M. de Collange, capitaine à la Guadeloupe, sur ses terres au Lamentin, qui, le 23 janvier 1772, faisait adresser par un sien ami, à un peintre de Troyes, en Champagne, nommé Cossard, ces mots révélateurs d'une des plus hideuses plaies de l'époque : « C'est un frère *qui a vu la lumière*.... Que le G∴ A∴ D∴ l'U∴[1] étende sa *toise bienfaisante* sur vous et tout ce qui peut vous appartenir ! »

[1] Que le grand architecte de l'univers.... *formule de la franc-maçonnerie*.

Mieux valaient pour Chouilly les libéralités du vertueux chanoine Jean Milta, surtout si la jouissance en eût été plus durable.

Le 6 mai 1760, Jean Discours recevait solennellement, dans son église, Henry, évêque de Sidon, coadjuteur-*suffragant* de l'archevêque de Reims, Mgr de Rohan.

A l'occasion de cette visite, le prélat ordonne : « d'agrandir la fenêtre des fonts, pour y procurer plus de jour, et de réparer les portes du cimetière pour que les bêtes ne puissent y entrer. »

La fenêtre à plein cintre, remplaçant l'un des oculus du portail, n'a pas eu d'autre origine.

Le millésime de 1752, sculpté en relief sur l'abat-voix de la massive chaire à prêcher, et celui de 1765, sur la stalle du chœur, rappellent que cette ornementation provient de Jean Discours, mort à soixante-douze ans, le 7 janvier 1768.

Dès l'année 1763, condamné au repos par ses infirmités, il s'était fait donner pour vicaire « maître Jean-Baptiste de Sainte-Olive, » auquel succéda bientôt Nicolas Caurette.

Sa dépouille mortelle repose au côté gauche du

chœur de l'église, sous une dalle tumulaire qui raconte les vertus et le mérite de ce bon prêtre :

```
        D. O. M.
        C Y   G I T
MAITRE IEAN DISCOU
RS VIVANT PRÊTRE
CURÉ DE CETTE PAR
OISSE LEQUEL APRÈS
L'AVOIR GOUVERNÉE
PENDANT 28 ANS ET
S'ÊTRE RENDU RECOM
MANDABLE PAR SON ZÈLE
SA CHARITÉ ET SON AT
TACHEMENT ENVERS SES
PAROISSIENS EST DÉCÉDÉ
EN LADITE PA.SE LE 7
IA.R 1768 A. DE 72  REQUIESCAT
                    IN PACE.
```

Les derniers honneurs lui furent rendus par Louis Martin, curé de Plivot, et doyen rural d'Epernay, en présence de plusieurs curés du voisinage, et de Caurette, vicaire de la paroisse.

Jean-Antoine Gentilhomme, prêtre, docteur en théologie, âgé de trente-trois ans, pouvait espérer une longue carrière, suivant les probabilités de la vie humaine. Malheureusement, une maladie de treize jours le conduisit au tombeau, après six années de ministère à Chouilly, et quinze années et demie de prêtrise. Il mourut le 26 septembre 1774, et fut inhumé le surlendemain dans l'église, sans qu'aucune pierre marquât le lieu de sa sépulture.

L'acte est signé par Legentil, doyen rural d'Epernay, et curé d'Oiry, qui présida les obsèques ; Lajoye, curé de Cuis ; Gonel, curé de Tauxières ; Gaucher, curé de Louvois ; Bonnette, curé de Fontaine ; Dufour, curé de Bisseuil ; Mitteau, curé d'Avenay ; Sénéchal, curé de Dizy ; Lalouasse, curé de Flavigny ; Arvier, curé d'Athis ; Harlin, curé des Istres ; Gailla, curé de Mutigny ; Hingot, curé de Mancy ; Alexandre, curé de Mont-Félix (Chavot) ; Fissier, curé de Saint-Imoges.

A vingt ans de là, ce dernier aura le triste courage de se présenter à Chouilly, comme prêtre constitutionnel pour « exercer le ministère du culte sous la dénomination de culte catholique », c'est-à-dire, schismatique.

Maître Legentil, curé d'Oiry, remplit la vacance jusqu'à la nomination de M. Lethinois, qui eut lieu le 25 octobre 1774. Mais avant de se fixer à Chouilly, le nouveau titulaire chargea provisoirement de la *desserte* Joseph Saisse, qui s'intitule curé de Sainte-Marie-à-Py.

Le premier soin de Jean-François Lethinois fut de hâter la restauration de son presbytère. La voûte des trois caves menaçait de s'effondrer, et le mur de la façade nord du corps de logis, quoique relevé après l'incendie de 1707, avait déjà besoin d'être refait à neuf.

Le 10 novembre 1775, une assemblée générale de la communauté « convoquée au bruit du tambour, suivant l'usage, et tenue sur la place ordinaire », consentit aux réparations projetées.

Vingt jours après ce meeting populaire, le devis, dressé par le sieur Hurault de Sorbée, sous-ingénieur des ponts et chaussées au département de Reims, recevait l'approbation de Gaspard-Louis Rouillé d'Orfeuil, intendant général de Champagne.

Au mois de mai suivant, commençaient les travaux, dont la dépense atteignit le chiffre de 1513 livres 16 sous 10 deniers.

Lethinois demeura quatre ans à Chouilly. Il eût pour vicaire Jean-François Taton, docteur en théologie, chapelain des chapelles de Saint-Ponce et de Sainte-Reine, titres apparemment des bénéfices dont il était pourvu.

Nicolas-Remy Dureteste, installé le 28 novembre 1778, clôt la série des curés catholiques avant la Révolution, dont il fut témoin et presque la victime.

CHAPITRE XVII.

1778-1791

Thomas de Dommangeville, seigneur. — Atlas de ses propriétés. — Sa mort. — Droit de ravage converti. — Dangé-Dorçay succède à M.me de Mony. — Difficulté au sujet des tailles. — Le duc d'Orléans achète. — Election d'un maire et d'un procureur. — Déclaration des forains. — Le curé Dureteste refuse de prêter le serment civique. — Il est remplacé par le constitutionnel Guérin. — Retour de Varennes. — Fuite du curé Dureteste.

Itant de Beaurepaire avait fait place à Jean-Baptiste-Nicolas-Thomas de Dommangeville, chevalier, seigneur baron de Mareuil, vicomte d'Ay, seigneur de Chouilly et autres lieux, maréchal des camps et armées du roi.

L'atlas de sa terre de Chouilly, dressé par le géomètre royal Claude Férat [1], en 1767, figure le plan

---

[1] Ms. in-4° relié en maroquin rouge, avec armoiries.

topographique de 332 pièces, d'une superficie totale de 308 arpents 16 verges 7 dixièmes [1].

L'emplacement du château et de ses dépendances (V. pl. XVI) occupe à lui seul 14 arpents 42 verges 1 dixième, ou 6 hectares 28 ares 28 centiares.

Il était facile de prévoir que messire de Dommangeville, qui venait de s'édifier un assez joli château à Mareuil, ne s'occuperait guère de celui de Chouilly.

Aussi, la chapelle, dépourvue de chapelain, resta comme abandonnée [2], jusqu'à ce que des temps plus funestes l'eussent transformée en un ignoble fournil.

A vrai dire, elle n'avait rien de monumental, ni quant à ses proportions, ni quant à son genre d'ar-

---

[1] L'arpent valait 100 verges, ou 43 ares 27 centiares ; la verge, 20 pieds 3 pouces de roi ; la danrée, 12 verges et demie ; le boisseau, 6 verges un quart ; la fauchée de pré, 75 verges, ou 32 ares 45 centiares 25 millièmes. La perche pertoise était inusitée ici.

[2] Le compte-rendu paroissial de 1774 le dit positivement : « Il y a une chapelle dans un château, mais *abandonnée*, depuis que le seigneur (de Beaurepaire) a vendu sa portion de terre. » — *Arch. de la Marne*. — Le pouillé de Reims, renouvelé en 1776 par le chanoine Bauni, secrétaire de l'archevêché, ne peut donc rien signifier de plus, et suppose même qu'il est mal renseigné, lorsqu'il mentionne encore une *chapelle castrale* au château de Chouilly.

chitecture. La seule curiosité qu'elle offrît était une suite de colonnettes engagées, dont l'un des chapiteaux figurait le double écusson du fondateur. (V. pl. XVI, fig. 2 et 3).

L'un porte : de...... à la croix ancrée de..... L'autre est parti de la première moitié de...... à la demi-croix ancrée de......, et de la seconde moitié de...... au lion contourné de....., la tête à dextre. L'absence des hachures rend impossible l'indication des couleurs et des métaux, et prouve l'antériorité de ces pièces au système de Christophe Butsken. Selon toute probabilité, elles appartiennent à la famille alliée des Monspoix et des Lachapelle [1].

Thomas de Dommangeville, décédé le 24 août 1774, fut inhumé dans l'église de Mareuil, au pied de l'autel de la Sainte-Vierge.

Sa veuve, Marie-Pauline de Rochemonteix de la Rochevervassal, le suivit de près dans la tombe. Elle mourut le 13 décembre suivant, et repose à côté de lui, sous une large pierre qui ne porte, non plus que la sienne, aucune inscription.

[1] Il est désirable que cet intéressant morceau de l'art héraldique, échappé aux vandales de 93, trouve quelque part une hospitalité plus décente que la bergerie d'où nous l'avons extrait pour le dessiner.

Leur épitaphe se lit sur une dalle de marbre blanc scellée en face, dans le mur de la chapelle.

La fièvre d'indépendance et de révolte qui travaillait la société cherchait les occasions d'éclater au dehors.

Le premier essai qu'en firent les habitants de Chouilly n'aboutit qu'à un mécompte.

De toutes les servitudes féodales que le temps eût consacrées, la plus agaçante, à leurs yeux, était le droit de libre parcours dans l'étendue de la prairie, ce que l'esprit satirique des *manans* et des *vilains* flétrissait de l'odieuse appellation de *droit de ravage*.

S'en voir affranchis tenta leur ambition, et devint l'objet de pourparlers jusque-là sans succès.

Enfin, le 30 octobre 1775, par acte passé entre les seigneurs et les habitants, le fameux droit de ravage fut converti en cinq arpents du Pré de Binse, outre la cession irrévocable des deux seuls abreuvoirs et lessivoirs que possédât le pays.

C'était tomber de Charybde en Scylla : on le vit bien ensuite.

Peu après cette singulière transaction, mourut à Paris, dans la quatre-vingt-cinquième année de son âge, l'une des parties intéressées, Marie-Ursule-Elisabeth Charpentier, dame de Chouilly.

Ayant perdu son mari, Jacques Charuel, en 1737, et son fils unique, en 1746, elle s'était remariée l'année suivante, 1747, à l'écuyer Jean-Louis Blondel de Mony, auquel elle survécut.

L'héritier de ses biens fut son neveu Balthazar-Constance Dangé-Dorçay, un de ces joueurs incorrigibles qui livreraient leur tête avec leur dernier écu au hasard d'un coup de carte. Quelle fortune tiendrait en pareilles mains? M. Dangé-Dorçay en a su quelque chose [1].

[1] On cite de lui des choses comiques. En 1814, il habitait le château de Boursault. Comme il faisait un soir sa partie de piquet habituelle, on vint lui dire qu'un colonel bavarois, à la recherche d'un corps de partisans cachés dans la forêt voisine, demandait à lui parler sans retard. — « Qu'il aille au diable, » cria le *comte*. Cette réponse, naïvement reportée par un domestique, ne plut point au chef des pandours, qui piqua des deux et entra brutalement à cheval dans le salon. Le *comte* se leva tenant ses cartes. Il prit, avec un sang-froid merveilleux, la bride du cheval de la main qui restait libre, le ramena vers la porte et lui dit, en lui frappant sur la croupe : « Tu te trompes, imbécile, mène ton maître à l'écurie. » — Pour ce motif, le château fut mis à sac et pillé. Ce qui n'empêcha pas le *comte* de dire par la suite à qui voulait l'entendre, « qu'il avait fait un colonel bavarois *pic, repic et capot.* » La misère le réduisit à jouer du violon sur les tréteaux de l'Opéra.

Un autre indice du temps est la réclamation, adressée le 25 septembre 1784, par la communauté de Chouilly, au sujet d'une décharge de 600 livres à opérer sur ses tailles.

Les pétitionnaires demandent que ceux de leurs concitoyens qui afferment les dîmes n'aient point à bénéficier de cet allègement fiscal. La raison, c'est que « les décimateurs ni leurs fermiers ne contribuent en aucune manière aux charges publiques, non plus qu'aux réparations de la nef de l'église ou du presbytère, ni même aux corvées, attendu qu'ils n'ont pas besoin de chevaux pour l'exploitation des dixmes. »

Entrant dans ces vues, le subdélégué Pierrot, d'Epernay, répond : « qu'à son égard, il estime déjà assez avantageuse la condition des décimateurs, sans que leurs fermiers participent encore à la répartition des deniers communs. Cette prérogative, qui ne paroit s'appliquer qu'aux fermiers, rejailliroit par contre-coup sur eux-mêmes, en leur procurant le moyen de louer à plus haut prix. D'ailleurs, poursuit ce magistrat, il me paroit très-vrai, qu'excepté les réparations des chœur et cancel, et les portions congrues, les décimateurs, ni par eux, ni par leurs fermiers, ne contribuent en aucune charge publique. En conséquence, il y auroit lieu d'ordonner que les fermiers des dixmes de Chouilly ne participent point à la répartition des 600 livres dont s'agit [1]. »

Le Tiers-Etat de 1789 n'eût pas mieux raisonné !

On sent l'esprit d'hostilité et de dénigrement contre les priviléges de l'ancien régime, percer à travers les expressions du subdélégué Pierrot. L'amour des nouveautés conduisait à des abîmes.

Par un singulier concours de circonstances, l'instigateur juré du crime et de la débauche, l'homme qui ne devait pas rougir de traîner à l'échafaud son plus proche parent et son roi, Louis-Philippe-Joseph, duc d'Orléans, premier prince du sang, ajoutait à tous ces titres ceux de baron de Mareuil, vicomte d'Ay et d'Avenay, seigneur de Chouilly, par sentence d'adjudication sur licitation rendue au Châtelet de Paris, le 17 mai 1788, à la requête des héritiers de Thomas de Dommangeville, précédent propriétaire desdits biens.

Durant l'automne de cette même année, le duc

[1] *Arch. de la Marne.* — Liasse concernant le doyenné d'Epernay.

d'Orléans, accompagné de sa famille, fit une apparition de quelques semaines dans son château de Chouilly.

Les jeunes princes ses fils, dont le dernier, le duc de Beaujolais, n'avait qu'une dizaine d'années[1], se plaisaient d'associer à leurs ébats les enfants du village.

Mais il fallut promptement regagner Paris. Les factieux avaient besoin du duc d'Orléans ; et lui-même avait besoin de ses orgies du Palais-Royal.

Tout allait se précipitant.

Les Etats-Généraux furent convoqués, en 1789, pour sauver la France : le remède devint pire que le mal. En se proclamant *nationale*, l'Assemblée se crut toute puissante, même contre le roi, son *mandataire* très-humble.

Et puis, tomba comme une avalanche de décrets : décret du 6 octobre, imposant aux citoyens une contribution patriotique ; décret du 12 novembre instituant les municipalités sur la base du suffrage direct ; décret du 13 novembre, sanctionné le 18,

---

[1] L'aîné, duc de Valois, puis de Chartres, et futur roi Louis-Philippe, né le 16 octobre 1773, était encore d'âge à se divertir. Le duc de Montpensier venait ensuite.

par le roi, prescrivant la déclaration des biens et redevances possédés sur chaque territoire respectif.

Au premier de ces décrets, la réponse fut simple : on fit la sourde oreille. Le patriotisme des habitants de Chouilly n'était pas de ceux qui s'empressent de délier les cordons de leur bourse. Cela viendra plus tard.

Le second décret, moins coûteux, trouva aussi les gens plus dociles. Le 25 janvier 1790, Pierre Nivelle fut élu maire, à la majorité des suffrages ; et Pierre-Louis Lambert, procureur de la commune.

Restait le troisième décret, dont l'exécution devait livrer les dépouilles opimes des vaincus à la rapacité de leurs insolents vainqueurs.

L'abbaye royale d'Argensolles déclare posséder à Chouilly : douze arpents vingt-quatre boisseaux de terre labourable, deux arpents cinquante boisseaux de vigne, quatorze fauchées de pré, une grange et un jardin, une rente foncière de vingt livres sur une maison sise audit village.

Cette déclaration, datée du 16 janvier 1790, est signée par sœur de la Mock, abbesse.

Les bénédictins d'Hautvillers déclarent posséder

à titre de revenus : le quart des dîmes aux champs ; les deux tiers de la dîme des foins ; la dîme des agneaux et des oies ; trois arpents de terre labourable : le tout loué douze cent cinquante livres.

L'abbé de Gaye : moitié de la dîme dans les champs, louée mille livres.

La congrégation de Reims : quatre-vingts arpents de terre, dont vingt sur le terroir d'Oiry, et neuf arpents de pré, loués neuf cents livres.

L'hôtel-Dieu de Reims : quarante-huit arpents de terre, et neuf arpents douze boisseaux de pré, loués cinquante livres.

Le commandeur de Châlons : dix-huit arpents de terre, loués trois cent-cinquante livres.

Les pères minimes d'Epernay, représentés par frère Barthélemy, supérieur, et frère Lequin, procureur : vingt-sept arpents de terre, et deux fauchées de pré, produisant un revenu de cent quatre-vingt-cinq septiers quatre boisseaux d'avoine, vingt-cinq bottes de foin, vingt-cinq bottes de paille. Lesdits religieux possèdent encore, sur le même terroir, douze boisseaux de vigne qu'ils récoltent eux-mêmes.

Les chanoines réguliers de l'abbaye de Toussaints-en-l'Ile, de Châlons : un reddet en grains sur les dîmes de Chouilly, dépendant de l'abbé de Gaye, et consistant en cinquante-deux boisseaux de *seigle* et cinquante-deux boisseaux d'*aveine*, mesure d'Epernay, payables à la Saint-Martin de chaque année.

La manse abbatiale d'Orbais : la portion des dîmes dites le *canton* ou *trait* d'Orbais, loué cent-vingt livres.

Les chanoines de Notre-Dame-en-Vaux, de Châlons : vingt-deux boisseaux de vigne, quatorze boisseaux de pré, loués par bail emphytéotique de quatre-vingt-dix-neuf ans, à partir du 17 mars 1729, moyennant vingt-deux livres, et dix livres de *carité*, en cas de mutation. Les prés ont été donnés en 1507, par Jean de la Grange, chanoine de Saint-Etienne, pour l'*augmentation* (la plus grande solennité) de son obit. Les vignes proviennent d'un don de Jean Leclerc, chanoine de Notre-Dame, en 1547.

La prestimonie [1] d'Avenay, desservie par le cha-

[1] Prestimonie : de *à præstatione quotidianâ*, espèce de bénéfice qu'un prêtre *desservait*. Sa vraie signification paraît être, la desserte d'une chapelle sans titre ni collation, comme étaient la plupart de celles des châteaux où l'on disait la messe, et qui n'étaient que de simples oratoires non dotés.

noine Aubert Baudier : vingt-deux arpents vingt-deux verges de terre; cinquante-cinq boisseaux et demi de pré ; non compris quatorze boisseaux que l'on prétend avoir été entraînés par la rivière de Marne.

L'abbaye royale d'Avenay : un arpent de pré.

L'écolage d'Avenay : trente-et-un arpents quinze verges de terre ; trois arpents sept boisseaux et demi de pré.

Les dames religieuses ursulines d'Epernay, représentées par sœur de Perthes de Sainte-Scolastique, supérieure, et sœur Jouette de Sainte-Sophie, dépositaire du couvent ; une maison, grange, écurie et jardin ; soixante quinze arpents de terre labourable ; douze fauchées de pré.

La cathédrale de Reims : huit fauchées de pré.

La chapelle des Saints-Apôtres de Châlons : dix-huit boisseaux de terre labourable et cent boisseaux de pré.

Les bénédictins de Saint-Sauveur, de Vertus : quatre arpents et demi de pré, et deux arpents un quart de terre, loués quatorze livres.

Les jacobins de Reims : un arpent et demi de pré loué vingt livres.

La fabrique de Saint-Alpin de Châlons : vingt-trois

arpents de terre; quatre arpents de pré et quatre boisseaux de vigne, loués soixante-douze livres.

L'Université de Reims : une fauchée de pré.

Enfin, Nicolas-Remy Dureteste, curé de Chouilly : cent-trois verges dix-huit pieds de terre, valant deux cent-soixante livres [1] ; un cellier situé dans la rue de l'Abreuvoir ou de l'Huisselot, valant cinq cents livres; et un petit jardin d'environ une verge, dans la rue des Gobins [2].

Le clergé, privé de ses biens, le fut bientôt de son indépendance. L'Assemblée nationale lui imposa de sa seule autorité une *Constitution civile* qui outrageait le dogme et rompait les lois de la hiérarchie : source fatale de persécutions. Elles commencèrent avec l'année 1791.

Sommé de prêter le serment du schisme, Nicolas-Remy Dureteste refusa net.

Honneur au digne curé de Chouilly ! Mais c'était l'heure aussi des ténèbres et des défections.

« Le 29 mai, le sieur Jean-Baptiste Guérin, natif de Châtillon-sur-Marne, exhibait son acte d'*élection*

---

[1] C'était un héritage acquis de M. Langlois, curé de Plivot, par contrat passé devant Mᵉ Héloin, notaire à Epernay, le 26 décembre 1782.

[2] *Déclaration des forains.* — Arch. commun.

en date du 25 mars dernier, et le visa de Nicolas Diot, évêque métropolitain de *la Marne*, par lequel il appert que lui seul peut remplir dorénavant les fonctions curiales à Chouilly [1]. »

La cérémonie d'installation fut fixée au dimanche 5 juin. Reçu à l'entrée de l'église par la municipalité, et complimenté par le maire, l'*intrus* prononça en réponse un discours que le compte-rendu officiel dit avoir été « rempli de piété et de patriotisme [2], jurant d'être fidèle à la Loi et au Roi, et de maintenir de tout son pouvoir la Constitution décrétée par l'Assemblée nationale.» Un feu de joie suivit la messe et le *Te Deum ;* le tout « au grand applaudissement de la paroisse. » Cet enthousiasme irréfléchi explique bien des fautes, mais ne les justifie pas.

Tout-à-coup, dans la journée du jeudi 23 juin, le bruit se répand que le roi, en fuite, vient d'être arrêté à Varennes, et qu'il est ramené vers sa *bonne ville* de Paris, par la route de Châlons à Epernay.

La population de Chouilly se précipite à cette nouvelle. En effet, un peu avant quatre heures, on

---

[1] *Registre des délibérations.* — Arch. commun.

[2] De patriotisme, soit, si l'on entend par là toutes sortes d'emportements. De piété !... c'est autre chose.

vit la berline royale descendre la rampe de la Haute-Borne, et faire halte à l'entrée du village, vis-à-vis la rue du Grès. La chaleur était accablante : voyageurs et équipage faisaient pitié.

Tandis que les gardes nationales formant escorte se rafraîchissaient dans une auberge voisine, il fut loisible à la foule d'examiner, de plaindre, ou d'insulter cette royauté avilie, qui suivait son propre convoi.

Quelques misérables, disons-le, poussèrent l'impudence à l'égard de l'infortuné Louis XVI jusqu'à lui cracher à la figure et lui montrer le poing avec menace[1]. Nul n'osa protester contre ces infamies ; la reine et Madame Elisabeth paraissaient émues d'indignation.[2]

A quatre heures et demie, la famille royale marchait à de nouveaux outrages. Chaque pas de ce long calvaire était un supplice.

Deux jours après, par l'organe du procureur syndic, l'*intrus* Guérin, cette rare figure de traître,

---

[1] Nous tenons ces détails de témoins oculaires.

[2] Les commissaires Barnave, Pétion et Latour-Maubourg, envoyés de Paris en toute hâte, ne rejoignirent les augustes captifs qu'à la hauteur du village de Vauciennes, à 5 kilomètres au-delà d'Epernay.

« l'âme du conseil général[1] », et le promoteur de toutes les mesures violentes qui signaleront sa présence à Chouilly, fait observer qu'il existe dans la paroisse « un désordre auquel il importe de remédier ; que les menées sourdes de l'ex-curé Dureteste ne tendent à rien moins qu'à la subversion de la Constitution française, soufflant le feu de la discorde, et cherchant à éloigner des offices les paroissiens, publiant que tous les pasteurs nommés par la nation sont hérétiques et schismatiques. (Il disait vrai !) » Le dénonciateur conclut à l'arrestation immédiate du sieur Dureteste « pour être conduit au district d'Epernay », c'est-à-dire à l'échafaud.

En conséquence, les braves municipaux de Chouilly, transformés en autant de *sbires,* vont traquer, à six heures du matin, dans sa maison de refuge, l'ancien doyen rural d'Epernay, celui qui avait été douze ans leur modèle et leur père.

Mais, prévenu à temps, le vénérable Remy Dureteste s'était enfui, et toutes les perquisitions de nos « zélés patriotes » n'eurent d'autre résultat que celui d'avoir accompli un assez honteux office. .

---

[1] *Registres des délibérations.* Arch. comm.

CHAPITRE XVIII.

1791-1792.

Fête de la fédération. — Action contre les *ci-devant* seigneurs. — Omission réparée. — Le duc d'Orléans vend sa terre de Chouilly. — La patrie en danger. — Départ en masse pour le camp de Châlons. — Alerte du régiment Walsh-Irlandais. — Enrôlement des volontaires. — Zèle de la municipalité blâmé. — Garde nationale désarmée. — Inauguration de l'état civil. — Nouveau projet d'instance contre les *ci-devant* seigneurs.

Un décret de l'Assemblée nationale exigeait de chaque citoyen la prestation du serment civique de fidélité à la Nation, à la Loi et au Roi.

Le jeudi 14 juillet, second anniversaire de la prise de la Bastille, parut convenir pour cette *fédération*.

« A la réquisition du maire, la messe et les vêpres furent chantées, comme un jour de fête, et le serment prêté dans l'église. »

Une si édifiante solennité ne pouvait mieux se clore que par un banquet patriotique, dont le menu d'ailleurs dut être fort modeste, à en juger par le chiffre de la dépense, qui n'excéda pas cent dix-neuf livres.

Et puisque les choses étaient en si bon chemin, pourquoi ne pas revenir sur l'onéreuse conversion du droit de ravage des *ci-devant* seigneurs ? « Alors que toutes les voies de la conciliation ont été épuisées, *Messieurs* d'Orléans et Dorçay pensent-ils qu'une lenteur affectée de leur part rebutera la commune et lui fera sacrifier ses plus chers intétérêts ? Non ! La municipalité est résolue à se pourvoir contre eux, prendre telles conclusions qu'elle jugera opportunes, plaider, opposer, et faire généralement ce qui sera expédient pour obtenir la nullité de l'acte.[1] »

Voilà un fier langage. Reste à savoir si les *ci-devant* sont de nature à s'effrayer du bruit.

En attendant, le scrutin électoral du 14 novembre donnera pour maire Pierre Leclerc, et pour procureur, Claude Leclerc.

A peine installée, la nouvelle administration s'aperçoit qu'au jour de la fédération, un oubli des

[1] Délibération du 21 août 1791.

plus graves a été commis par « l'ancienne » municipalité, celui de faire prêter serment, devinez à qui? au maître d'école, Adrien-Isidore Lestrelin.

Le 22 janvier 1792, après la messe *paroissiale*, réparation eut lieu, « d'autant plus volontiers, dit le bonhomme, que c'était d'esprit et de cœur. »

Si le duc d'Orléans pensait encore à Chouilly, ce n'était pas, certainement, pour entrer en litige avec son édilité courroucée ; mais, criblé de dettes, il fallait aviser au moyen de les couvrir. A cet effet, le 22 mai, sa baronnie de Mareuil, comme premier lot, et sa seigneurie de Chouilly, comme second, furent adjugées en la salle du Palais-Royal, au mineur émancipé d'âge, Marie-Jacques-Thomas de Pange, chevalier non-profès de l'ordre de Saint-Jean de Jérusalem, moyennant 566,000 livres de prix principal, outre les charges qui s'élevaient à 33,005 livres.

Une des clauses du contrat de vente portait obligation pour l'acquéreur de rembourser à trente-deux créanciers dénommés la somme de 564,738 livres 4 sols. De sorte que, tout compte fait, il ne revenait au vendeur que l'insignifiant avoir de 1,261 livres 16 sols.

Le second lot, évalué à 216,000 livres, comprenait :

1° Le dix-huitième au total de la terre, fief et seigneurie de Chouilly, ayant droit de haute, moyenne et basse justice, chasse et pêche.

2° La totalité de la maison seigneuriale dudit Chouilly, appartenances et dépendances.

3° Deux cinquièmes dans une place où il y avait un moulin, et moitié de la maison voisine.

4° Une garenne de huit arpents quatre-vingt-quatre verges et vingt-cinq verges de prés non reconnus.

5° Un dix-huitième dans les mêmes cens, dont plusieurs héritages situés sur le terroir de Chouilly sont chargés, et une rente appelée le Boisselet de Saran, qui consiste dans un boisseau de seigle par ménage, et différents autres droits qui n'ont pas été évalués.

6° Un droit de pâture dans les prés du terroir de Chouilly (le droit de ravage) converti par acte du 30 octobre 1775, en cinq arpents de pré appelé le Pré de Binse, faisant pour un dix-huitième, vingt-sept verges trois dixièmes.

7° Tout ce que dessus tenu en fief de M. de Bouillon, suivant un aveu du 12 décembre 1732.

Et 8° douze livres de rente foncière due par le nommé Bourbon, au lieu de Claude Coinon de Chouilly.

En franc-alleu ou censives, d'après ledit aveu : soixante-dix-huit arpents quarante-trois verges trois dixièmes de terre, pré, vigne, clos, bois, garenne et saussaie, en cent trente pièces.

Autres héritages déclarés en franc-alleu-roturier : cent cinquante-quatre arpents quarante-neuf verges, en cent quatre-vingt-huit pièces[1].

Cependant les Prussiens de Brunswick menaçaient nos frontières. La *patrie* fut déclarée *en danger*.

A partir du 22 juillet, l'an IV de la liberté (1792) le conseil général de Chouilly, en permanence, fait monter la garde par deux sentinelles à chaque entrée du village.

Le 30, ordre de M. Moreau, commandant la 2ᵉ légion du district d'Epernay, que « sans égard pour l'arrêté précédent, il y ait tous les jours une patrouille composée d'un sous-officier et de quatre hommes, depuis dix heures du soir jusqu'à deux heures du matin. »

[1] *Procès-verbal d'enchères et d'adjudication de la terre de Mareuil.* — Communication de M. Foucher.

Les nouvelles deviennent de plus en plus alarmantes.

Le 30 août, le conseil général du département de la Marne prie la municipalité de Chouilly de donner ordre aux grenadiers envoyés en état de réquisition permanente, de se rendre à Châlons, le 1er septembre prochain, avec les autres citoyens qu'on invite à se joindre volontairement à eux.

Dans la soirée du même jour, instance plus pressante encore d'accourir en masse au-devant de l'ennemi.

Parvenu le 1er septembre, vers neuf heures du matin, ce dernier avis est sur le champ mis à exécution.

Au milieu d'un tumulte indescriptible, les gardes nationaux et tous les hommes valides, armés de fusils, de piques ou de faulx, se mettent en route pour Châlons. Ils sont accompagnés du trésorier de la commune, muni de ses fonds, et de trois voitures chargées d'environ cinq mille livres de pain.

Nuit et jour se succèdent d'interminables bandes de soldats improvisés, dont les discordantes clameurs et les chants belliqueux glacent d'effroi.

En même temps, repassent les prisonniers de

guerre que la capitulation de Verdun a renvoyés sur promesse de ne plus servir. Leurs récits ne font qu'augmenter l'épouvante ; et déjà l'on regardait comme perdus tous nos volontaires, lorsque, après quelques journées d'absence, la disette de vivres les rendit sains et saufs à leurs familles éplorées.

On n'était pas au terme des émotions publiques.

Le 8 septembre, le district d'Epernay avait envoyé loger à Chouilly, un bataillon du 92e régiment Walsh-Irlandais, composé de quinze officiers, de trois cent-trente-et-un sous-officiers et fusiliers.

A quatre heures du soir, pendant qu'une partie de la population assiste aux vêpres, le village, en un clin-d'œil, est investi par la garde parisienne et celle d'Epernay ; tous les postes sont occupés ; une pièce d'artillerie est braquée à chaque issue. Aussitôt les commissaires du pouvoir exécutif font publier à son de caisse que tous les citoyens aient à rentrer dans leurs maisons, et n'y réfugient rien de ce qui appartient audit régiment, officiers, soldats ou bagages. Les malheureux, s'imaginant qu'on va les égorger, se pressent dans les rues, en poussant des cris lamentables. Vains efforts, officiers et soldats sont pris et désarmés.

Vers sept heures, quand la *razzia* paraît complète, la garde parisienne, ses captifs au centre, reprend la route d'Epernay.

A neuf heures, un des soldats est retrouvé dans un grenier et reconduit comme les autres. Enfin, dans la matinée du 10, on retire, plus mort que vif, d'un grenier à foin du pâtre communal, un jeune milicien de seize ans, appelé Pierre Fèvre, et originaire de Saint-Denis en France. La frayeur qu'il eut d'apprendre que la garde nationale de Paris venait passer au fil de l'épée le régiment irlandais, lui avait causé un tel saisissement, qu'il était resté quarante heures blotti dans sa retraite, sans la moindre nourriture. Dès qu'il parut un peu remis, on l'adressa aux corps administratifs d'Epernay. Le régiment fut licencié. Son crime était sa fidélité au roi, dans la journée du 10 août. On l'accusait aussi de conduire des caisses de cocardes blanches !

La violence allait tête haute. Il ne s'écoulait guère de semaine qu'on ne rencontrât sur la route des voitures chargées de nobles et de prêtres catholiques destinés au couteau de la guillotine. D'autre part, une exaltation fébrile, une délirante ardeur semblait faire bouillonner tous les cerveaux.

Aussi, le 16 septembre, lorsque le commissaire du district d'Epernay se présenta pour l'enrôlement des volontaires, « toute notre brave jeunesse, sans vouloir entendre parler de tirage au sort, et résolue de voler au secours de la patrie, de conserver la liberté et l'égalité au péril de sa vie », allait, le soir même, remettre à la municipalité la liste de ceux qui se disaient prêts à partir au premier appel.

Cette opération fut suivie d'une commande au forgeron Jacques-Hilaire Jacquot, de cent quatre-vingts piques, suivant modèle adressé par la municipalité du district d'Epernay. Trempées de trois pouces d'acier sur le bout, avec hampes de huit pieds entre les deux fers, elles devaient recevoir l'empreinte des lettres initiales A. N. (Armée du Nord), et coûter chacune 6ˡ 10ˢ.

« Surtout pas de zèle ! » aurait pu dire aux habitants de Chouilly, comme plus tard à ses subalternes, le fin diplomate Talleyrand.

Le 24 septembre, un ordre des corps administratifs d'Epernay, transmis par le commandant Moreau, portait en substance : « Informés que les communes de Chouilly et de Plivot arrêtent les personnes chargées d'ordres pour l'armée, et qui sont à la suite des convois, les faisant rétrograder lorsqu'elles ne sont pas munies de passeports. Sur ce ouï, les procureurs syndics du district et de la commune mandent et enjoignent aux conseils généraux de Chouilly et Plivot, de laisser passer librement, et sans exiger de passeports, les personnes susmentionnées. »

Un si dur rappel à l'ordre blessa jusqu'au vif l'amour-propre de nos fervents patriotes.

On commence par soulever des objections sur l'authenticité de cet arrêté ; et puis l'on se récrie « sur les dangers que court la patrie, si une police sévère n'est point exercée à l'égard de tous espions, malveillants, déserteurs, enfin de tous les ennemis de l'Etat.» Ce sont les expressions du *terroriste* Guérin.

Mais l'humiliation la plus sensible était réservée aux gardes nationaux de Chouilly, dont les armes, acquises à leurs frais, leur furent inopinément enlevées d'autorité.

« Au moins, disaient-ils dans leurs réclamations, adressées le 6 octobre au citoyen-commissaire Valleric, si l'on tient absolument à nous en déposséder, qu'on nous les paye ! »

Ils eurent beau se plaindre et protester, force demeura à la loi. Ils s'en consolèrent en boudant. Et quand le citoyen Guérin viendra, le 18 octobre, de la part du citoyen Diot, évêque de la Marne, convoquer les dignitaires pour le chant du *Te Deum* suivi d'un *feu de joie* en l'honneur « des libérateurs de la patrie, des destructeurs des *tyrans*, des créateurs de la république française », la garde nationale répondra que « si elle ne se met point sous les armes, c'est que de toute nécessité elle ne le peut pas (qu'en dites-vous, La Palisse?); l'affront qui vient de leur être fait ne lui permettant point de se réunir avec tous ses concitoyens. » L'argument était sans réplique.

La fureur d'innover accumulait sans cesse les ruines de l'ancien ordre de choses.

Le 21 novembre 1792, an Ier de la république française, eut lieu, dans la commune de Chouilly, l'inauguration de l'état civil décrété par la Révolution. Le maire, accompagné de son secrétaire-greffier, se rendit dans la sacristie de l'église, et là, s'étant fait délivrer les registres du culte catholique, il les mit sous clef dans une armoire, après avoir clos et arrêté ceux de l'exercice courant.

Ce ne fut néanmoins que le 18 décembre suivant, sous l'administration du maire Edme Moineaux, et du procureur Remy Humbert, que le citoyen Guérin a été élu pour remplir les fonctions d'officier civil.

Le 22 décembre, à la réquisition du district d'Epernay, de deux volontaires pour compléter le cinquième bataillon de la Marne, Fiacre Legras, âgé de dix-sept ans, et Joseph Miltat, âgé de seize ans, « se dévouent spontanément au service de la patrie. »

Comme témoignage de satisfaction particulière, le conseil et les habitants souscrivent en leur faveur pour une somme de 298 livres.

Il était de bon goût que l'affaire du droit de ravage converti revînt périodiquement sur le tapis.

Par arrêté du 23 décembre, « les officiers municicipaux sont autorisés à se pourvoir au tribunal du district, à l'effet d'obtenir que les citoyens soient remis en possession : 1° de cinq arpents de pré cédés aux ci-devant seigneurs par acte illégal signé de leurs fermiers; 2° pareillement, de deux fontaines envahies depuis dix-huit ans par autorité des cidevant seigneurs qui les ont fait enclaver dans un clos *muraillé* ; invasion d'autant plus préjudiciable aux citoyens, que, de tout temps, ces fontaines étaient les seules qui servissent aux lessivages et abreuvages des hommes et des bestiaux ; 3° pareillement, d'une pièce de terre proche le cimetière, occupée par le ci-devant seigneur Dorçay. »

On chargea aussi l'avoué Galopin, du tribunal d'Epernay, de prendre instance contre l'acquéreur des biens du citoyen Egalité, ci-devant duc d'Orléans. Mais, pour un motif ou pour un autre, toutes ces velléités de procédure tombèrent à néant, sans jamais avoir pu aboutir.

CHAPITRE XIX.

1793-1794.

Enthousiasme des volontaires refroidi. — Abolition des signes de *fédéralisme*. — On brûle les titres féodaux. — Guérin cesse les fonctions d'officier civil. — Il se marie. — Fête de la prise de Toulon. — Dépouillement de l'église. — Guérin quitte la paroisse. — Courageux ministère de l'abbé Ludinart — Sotte dénonciation. — Fête de l'Être-Suprême.

La mort de Louis XVI, qui plongea la France dans la stupeur, fournit au citoyen Guérin l'occasion de glorifier ses bourreaux. L'un d'eux, le régicide Michel Lepelletier-Saint-Fargeau, qu'une main vengeresse venait d'immoler à son tour, eut les honneurs d'un service solennel, célébré pour *le repos de son âme*, dans l'église de Chouilly.

L'ardent civisme des volontaires de l'année précédente donnait lieu d'espérer que l'appel du 7 mars 1793 provoquerait les mêmes transports. Mais, après trois jours d'enquête et proclamation à son de caisse, le racoleur municipal eut le chagrin de constater que personne ne s'était présenté.

Cela ne faisait plus le compte du district d'Epernay, qui réclamait quinze *volontaires*. Le 12 mars, un tirage fut prescrit d'office, et ceux que le sort désigna partirent immédiatement.

Au mois d'août, trente-sept autres rejoignirent leurs compagnons : au total, cinquante-quatre, en huit mois, pour un seul village !

Ces derniers reçurent 400 livres « votées à titre d'*encouragement.* »

Nous touchons au règne de la *Terreur*, l'une de ces crises où Dieu livre la société aux pervers et aux scélérats.

Le 25 septembre 1793, an II de la République française, une et indivisible, un officier municipal, c'était Guérin, fait observer « qu'il subsiste encore dans la commune des signes de *fédéralisme* et des *attributs* consacrés à l'ancien *despotisme ;* que, pour un peuple libre, c'est se méconnaître; ces signes, aux termes du décret de la Convention nationale, devant être *pulvérisés.* »

Sur cette motion, quatre officiers municipaux, les seuls qui n'aient pas reculé devant de tels excès, arrêtent que le lendemain, à cinq heures du matin, des ouvriers désignés à cet effet passeront en revue l'intérieur et l'extérieur de chaque maison, y compris l'église, et dans le cas où ils découvriraient tour, tourelle, girouette, armoirie ou autre marque distinctive des ci-devant seigneurs, ils aient à les anéantir. « Enjoignons, ajoutent-ils, et requérons les ouvriers dénommés d'obéir, sous peine d'être déclarés *suspects*, et poursuivis comme contre-révolutionnaires, » formule obligée de politesse républicaine.

Bon gré, malgré, il fallut donc se mettre à l'œuvre.

Chez Nicolas Humbert, on enleva deux girouettes à fleurs-de-lis; chez François Humbert, l'écu de France; chez Louis Vallois, les fleurs-de-lis et la girouette de la chapelle du ci-devant château (le double écusson des fondateurs fut seulement déplacé); chez Pierre Mahuet, une girouette; à l'église, les fleurs-de-lis de l'horloge.

Proportionnellement aux services reçus, Nicolas Humbert et Louis Vallois durent payer chacun cinq livres; François Humbert et Pierre Mahuet, chacun une livre; le trésorier communal, pour l'église, trois livres.

La guerre aux parchemins devait être le digne pendant de la guerre aux girouettes.

Le quartidi de la première décade de vendémiaire (27 octobre), le citoyen Louis Perrier, régisseur de la ci-devant seigneurie, est requis de livrer tous les titres féodaux restés entre ses mains. Ce sont des actes d'enregistrement, des lettres-patentes pour foires et marchés obtenues en 1612, des aveux et dénombrements, une liasse de papiers contenant foi et hommage des ci-devant seigneurs.

Le conseil général observe que les pièces essentielles n'ont pas été remises et devraient l'être ; particulièrement « le terrier, gros in-folio qui tous les ans était vu et apporté à Chouilly [1]. » Pour ce qui est « des titres, chiffons et papiers qui viennent d'être déposés sur le bureau, ils seront livrés au feu, en présence de tous les citoyens réunis sur la place publique. »

L'auto-da-fé eut lieu le 2ᵉ décadi de brumaire (10 novembre).

Deux jours auparavant, le malheureux duc d'Orléans avait porté sa tête sur l'échafaud.

---

[1] C'est l'Atlas in-4° des propriétés seigneuriales dont on a parlé. Il appartient à M. Laurent-Perrier.

Ce fut dans ces conjonctures que le citoyen Guérin, docile exécuteur de la loi qui interdisait à tout curé ou vicaire les fonctions administratives, déclara renoncer à celles d'officier municipal et d'officier civil qu'il remplissait encore.

Le conseil, profondément ému de cette mesure, arrête que la Convention nationale sera priée de laisser ledit Guérin à son poste. Il lui représentera « que c'est un *sans-culotte* patriote qui *ne craint rien;* l'un de ceux qui doivent être en place pour déjouer les malveillants, soutenir l'unité, l'indivisibilité de la République dans les circonstances actuelles. »

Comme il arrive en pareil cas, la supplique demeura sans réponse, et le fonctionnaire sans emploi.

Pour occuper ses loisirs, Guérin résolut de prendre femme, et, trouvant sous la main ce qu'il ne rougissait pas de convoiter, il épousa *civilement*, le 29 brumaire an II (19 novembre 1793), sa propre domestique, Anne Lòrmant, âgée de trente-et-un ans, native de Sotzeling, département de la Meurthe.

L'épouseur avait alors cinquante-six ans !

Aux scandales du ministre succèdent les profanations du temple.

« Le 11 frimaire (1ᵉʳ décembre), le conseil arrête que deux ouvriers de Mareuil[1] viendront à Chouilly pour y abattre les fleurs-de-lis et les deux bras de la croix du clocher, moyennant 43 livres. » Ce qui fut accepté.

La prise de l'*infâme* Toulon valait bien les honneurs d'un décadi.

Le 10 nivôse (30 décembre) un feu de joie fut disposé sur la butte, en avant du cimetière. Pour ajouter à la pompe de la cérémonie et prévenir tout conflit de préséance entre les dignitaires, il fut réglé que les officiers municipaux alternant sur deux rangs avec les membres du comité de surveillance, et précédés d'une compagnie de *volontaires*, feraient escorte à un chœur d'enfants chantant l'hymne patriotique : *Amis, assez et trop longtemps*[2] ; puis viendraient six jeunes filles décorées de rubans tricolores ; une seconde compagnie de volontaires fermerait la marche. On profita de l'occasion pour livrer aux flammes quelques « *puants* restes de féodalité. » Et tous les citoyens, sans distinction

---

[1] Les nommés Noël Savart et François Pauraux. — *Registre des délibérations.* — Arch. commun.

[2] Chanson des Sans-Culottes. sur l'air : *C'est ce qui me console.*

d'âge ou de sexe, de danser autour du feu, en chantant l'hymne des Marseillais.

Une sainte fille, la demoiselle Gauthier, restée au logis, sous prétexte que les cabrioles sans-culottides ne lui souriaient nullement, fut traînée à l'eau par une troupe de mégères, et s'estima heureuse d'en être quitte pour un bain forcé et quelques horions en guise d'étrennes. Et vive donc la liberté !

Volontiers ces saturnales associaient le grotesque à l'odieux.

Le 23 nivôse an II (12 janvier 1794), « le conseil arrête que, dans les vingt-quatre heures, toute matière de cuivre, de fer, d'étain, et généralement tout mobilier d'église pouvant servir aux besoins de la république, » serait envoyée au directoire du district d'Epernay, et toute somme due à la fabrique, versée dans la caisse du receveur des droits d'enregistrement.

En conséquence, main-basse fut faite sur les objets du culte[1] et sur cinq titres de fondations

---

[1] L'inventaire officiel porte : 14 chapes, 18 chasubles, 14 tuniques, 24 surplis, 10 nappes d'autel, 115 purificatoires et corporaux, 3 aubes, 2 dais, 2 bannières, 2 nappes de communion, 14 serviettes, 3 dominos (camails), 5 bonnets carrés, 21 volumes, « un très-beau pupitre en fer », etc. — *Arch. de la Marne.*

perpétuelles attachées à l'église. L'une des deux cloches, la Marie-Anne-Ursule de 1719, convertie en fragments avant sa descente du beffroi, fut emmenée avec le reste.

La plume se refuse à décrire les scènes révoltantes de cynisme et d'impiété qui accompagnèrent cette œuvre de sauvagerie. Ainsi le voulaient, d'ailleurs, les hommes de la Commune de Paris, au nom de la déesse Raison, dont le culte, substitué à celui de Dieu, se vit bientôt éclipsé par celui de l'Etre-Suprême de l'*incorruptible* et féroce Robespierre.

Tout cela simplifiait énormément la besogne du sans-culotte Guérin, qui, d'ailleurs, n'y tenait guère, et finit par abjurer publiquement son sacerdoce. Le premier ventôse (19 février), il osa proférer en pleine assemblée « que tous les cultes doivent être intérieurs ; que le temple de la Raison sera désormais consacré à la lecture des lois de la Convention et au récit des actions héroïques des soldats républicains. Haine aux tyrans ! — hurlait-il en terminant ; — haine aux hypocrites ! haine aux fanatiques ! haine à tous les ennemis de la République ! »

Prêtre apostat, il eût mieux fait d'écouter la voix du repentir ; et, au lieu de déverser ces flots de bile, se rappeler les douces paroles du Maître qu'il trahissait : « *Nescitis cujus spiritûs estis... orate pro persequentibus et calumniantibus vos* [1]. »

Deux mois après ce suprême témoignage de *piété* et de *patriotisme,* Guérin et sa digne moitié allaient cacher leur honte au hameau de Montigny, près Châtillon-sur-Marne, jusqu'à ce que mort s'en suivît [2].

Devenu libre, le presbytère fut immédiatement cédé à l'instituteur et à l'institutrice, et le jardin mis en location au profit du budget ; mais cet immeuble ne tarda pas à être vendu, comme bien national, aux enchères publiques, à l'hôtel de ville de Châlons. Si, plus tard, il fut donné à la commune d'en recouvrer la jouissance, elle ne le dut qu'à la délicatesse et bonne foi de l'agent national, Remy Humbert, envoyé sous main pour contracter en son nom.

Cependant, au fort de la Terreur, un excellent

---

[1] « Vous ne savez de quel esprit vous êtes... priez pour ceux qui vous persécutent et vous calomnient. »

[2] En mai 1826, on aperçut un jour la *veuve* Guérin se glisser furtivement jusqu'à l'entrée du presbytère, et regarder, à travers le grillage de la porte, cette maison dont les murailles lui parlaient un langage compris par ses remords....

prêtre de Reims, l'abbé Ludinart[1], parcourait les campagnes, distribuant, au péril de sa vie, les consolations d'un ministère proscrit. Il était accueilli avec joie par la plus saine partie des habitants de Chouilly, demeurés fidèles à leur foi. Un obscur réduit, situé à l'extrémité d'une grange contiguë au presbytère, tenait lieu de sanctuaire et d'autel. On se croyait ramené aux temps héroïques de l'Eglise naissante. Ce n'est pas sans émotion que nous avons visité cet humble oratoire, aujourd'hui supprimé[2].

D'ingénieux mots d'ordre conviaient aux cérémonies saintes, et la Providence permit qu'en ces nouvelles catacombes, pas un faux frère n'exposât à de plus cruelles épreuves la courageuse piété de nos pères.

Un jour, pourtant, l'alerte fut vive.

La commune de Chouilly venait d'être dénoncée à la Société populaire d'Epernay, par un notable de

---

[1] Il logeait, rue des Salines, avec Dom Varré, dans la maison du fervent Povillon, père de l'infatigable écrivain de ce nom. Il s'y trouvait encore le 4 prairial an III (23 mai 1795) suivant la déclaration que ledit Povillon se crut en sûreté de faire à cette époque.

[2] Souvent aussi les saints mystères étaient nuitamment célébrés dans les combles d'une maison de la rue du Chemin-de-Fer, qui appartient à M. Vallois-Debas.

cette ville, comme ayant solennisé la Fête-Dieu (vieux style), et fait la procession avec « un Saint-Sacrement de *bois* (sic). »

Suivant ce même rapport, la cérémonie aurait été présidée par un simple manouvrier, remplissant les fonctions de prêtre, et les ci-devant religieuses d'Epernay auraient été remarquées parmi l'assistance.

Par suite, le comité de surveillance mettait la commune inculpée en demeure de se justifier. L'extrait de la délibération, sous la date du 1er thermidor an II (19 juillet 1794), porte ces mots à l'ordre du jour : LIBERTÉ, ÉGALITÉ, FRATERNITÉ, OU LA MORT.

Il est curieux de savoir la réplique.

« Le conseil général de Chouilly, considérant que la commune est sous le coup d'une accusation calomnieuse, attendu que la municipalité a fait annoncer à son de caisse que la fête de l'Etre-Suprême serait célébrée avec respect; que la garde nationale, armée de piques, suivrait le cortége; que les vieillards, portant des branches de chêne, seraient accompagnés des municipaux, du comité de surveillance et de quantité de jeunes enfants, les uns portant des épis de blé, d'autres des couronnes et des corbeilles de fleurs, d'autres chantant des hymnes patriotiques ; qu'il serait planté un nouvel arbre de chêne vert, près duquel l'instituteur ferait réciter les *Droits de l'homme* par ses élèves ; que, de là, le cortége se rendrait au temple de l'Etre-Suprême pour y lire les décrets de la Convention nationale ; nulle autre fête n'ayant été célébrée, y compris la Fête-Dieu (vieux style); l'agent national entendu, arrête que le citoyen Mathey, d'Epernay, sera tenu de rétracter sa fausse dénonciation, et de faire imprimer, en beaux caractères, dans la huitaine de la réception dudit arrêté, des exemplaires en nombre suffisant pour être affichés dans toutes les communes du district. »

L'incident n'eut pas de suite ; mais il donnait la mesure de cette liberté républicaine dont on assourdissait en vain les oreilles.

CHAPITRE XX.

1795-1816.

Le curé constitutionnel Fissier, suivi du curé constitutionnel Simon. — Rachat du presbytère. — L'abbé Félix, — l'abbé de La Pierre, curés successifs. — Refonte de la cloche. — Passage de l'Empereur, en 1806, — De l'Impératrice, en 1809 — L'abbé Henry remplace l'abbé de La Pierre. — Acquisition d'une seconde cloche. — Invasions de 1814 et de 1815. — Disparition du curé Affort-Rivierre. — M. Lundy lui succède. — Il part. — Pénibles débuts de M. Pamelle.

Tant de frénésie ne pouvait durer. La chute de Robespierre fit respirer la France. Sans doute les décrets de mort pesaient toujours sur le clergé fidèle ; mais déjà le champ devenait libre pour les prêtres *assermentés ;* leur ministère, à défaut d'autre, était reçu comme un pis-aller.

Le 6 fructidor an III (23 août 1795), à la demande d'une partie des notables de Chouilly[1], comparaît

---

[1] La députation se composait des citoyens Joseph et Noël Gobin, François Maugin, Jean-Baptiste Humbert, Louis Lambert et plusieurs autres.

devant le conseil général, le citoyen François Fissier (le pauvre curé de Saint-Imoges), « qui déclare se proposer d'exercer le ministère du culte *catholique* et *apostolique*, dans l'étendue de cette commune, et requiert qu'il lui soit donné acte de soumission aux lois de la République[1]. »

Par malheur, en voulant fêter son arrivée, on cassa la cloche, l'unique cloche de l'église ! Le conseil, touché jusqu'aux larmes d'un pareil accident, fut d'avis d'envoyer immédiatement à Metz, le citoyen Darvogne, pour y traiter de l'échange de cette cloche contre une neuve [2].

Six mois après, et toute réflexion faite, l'abbé Fissier résignait spontanément sa charge.

Un successeur lui vint dans la personne d'un

---

[1] *Registre des délibérations*. — Arch. commun.

[2] L'état de la dépense, réglé le 13 brumaire an IV (3 novembre 1795), offre un aperçu de l'incroyable et calamiteuse dépréciation du papier-monnaie :

« Payé pour le transport de la cloche......	5,400[l]
D° pour la refonte.....................	850
D° pour 25[l] de métal ajouté.............	1,500
D° pour la charpente du beffroi...........	5,500
D° pour le montage....................	2,100
Total en assignats	15,350[l]. »

— *Arch. commun.* Dans un autre compte, du 15 pluviose an IX (3 février 1801), une somme de 5 livres en assignats se solde par 25 centimes en numéraire !

ci-devant religieux franciscain, natif de Toul en Lorraine, le citoyen Nicolas Simon, dernier représentant du schisme constitutionnel à Chouilly.

A peine installé, il se fait inscrire comme *citoyen de la commune*, « privilége — observent les graves magistrats du lieu, — que nous lui avons accordé, et ce, avec justice [1]. »

Mais, si glorieux qu'ait été, pour le récipiendaire, ce magnifique privilége de citoyen de Chouilly, il ne le séduisit pas longtemps ; car, survenu le 20 février 1796, Nicolas Simon était déménagé au mois de mai suivant.

L'heureuse conclusion du Concordat de 1801 permit enfin à un prêtre catholique, l'abbé Jean-Nicolas Robert, de Mareuil, de desservir Chouilly jusqu'au 11 messidor an XI (30 juin 1803), que Mgr Louis-Mathias de Barral, évêque de Meaux, Reims et Châlons, *commit* pour curé de cette paroisse l'abbé Félix.

L'ancien presbytère, rétrocédé à la commune, au prix d'achat, 3,200 livres, par l'acquéreur fictif, put recevoir le nouveau pasteur.

---

[1] *Registre des délibérations.* — Arch communt.

Après un séjour de sept mois et demi, l'abbé Félix fut appelé à la desserte de Saint-Memmie.

Sept autres mois d'intérim s'écoulèrent avant la prise de possession de Jean-Baptiste de La Pierre, ci-devant chanoine régulier de la Congrégation de France et prieur de Favresse, *commis* par le même prélat, le 26 fructidor an XII (12 septembre 1804), pour « desservir *en chef* (sic) » l'église de Chouilly.

Plus que jamais, le triste état de la cloche fêlée exigeait une nouvelle refonte. Il parut avantageux de l'emmener à Monthelon, et de la jeter au même creuset que celle de cette paroisse.

L'opération, accomplie au mois de juin 1805, en présence des deux municipalités intéressées, fut des plus malheureuses.

On achevait le *Te Deum*, lorsqu'on s'aperçut de la fuite du bronze à travers les fissures des moules. Le cloche destinée à Monthelon était manquée ; celle de Chouilly n'avait pas toutes ses anses et réclamait un difficile burinage. Encore les habitants de Monthelon, désappointés, voulaient-ils à tout prix s'en rendre maîtres. Sans l'intervention du clergé, témoin éperdu de cette malencontreuse affaire, il est certain que l'exaspération des partis eût dégénéré en un véritable pugilat. Force resta au bon droit, et la cloche à ses légitimes prétendants; mais les sons peu harmonieux qu'elle donne n'accusent que trop les disgrâces de son origine. Elle porte cette inscription :

« L'an 1805, j'ai été bénite par M. J.-B. de La Pierre, curé de Chouilly, et été nommée MARIE-FRANÇOISE, par Adrien Rogé, fils d'Ardrien (sic), maire et parrain, et Marie Lelong, marraine, en présence de J. Humbert, adjoint, et de J.-B. Humbert, Edme Moineaux, J.-B. Fourny, L. Siret, F. Humbert, J. Hostomme, P.-L. Lambert, A. Lilbert, J.-B. Balourdet et P. Clouet. »

Plus bas on lit :

« Lescuyer de Châlons m'a fait (sic.) — Journé Fois... ecrétaire. »

Une somme de 1,480 francs fut comptée au fondeur, tant pour sa main-d'œuvre que pour les quatre quintaux et demi (225 kilogrammes) de métal qu'il avait ajoutés.

D'éblouissants faits d'armes tenaient alors l'Europe en suspens. Une campagne de soixante-dix jours, couronnée par la victoire d'Austerlitz, commandait à l'Empereur Napoléon de reparaître en France pour jouir de sa gloire.

Sur toute la route, ordre fut donné de rendre à Sa Majesté Impériale et Royale les honneurs prescrits par la loi du 24 messidor an XII.

Le 20 janvier 1806, à peine les commissaires Pierre-Charles de Moncuy et Jean-François Camiat, nommés la veille, sont-ils arrivés à Chouilly, que les maisons se pavoisent, des arcs de triomphe se dressent comme par enchantement à chaque extrémité du village. D'autre part, le maire élabore son plus beau compliment, et tous les cœurs tressaillent à la pensée de contempler ce héros qui remplit l'univers du bruit de ses exploits.

Il passa, en effet, quelques jours après ; mais sa voiture, emportée par huit chevaux, courait avec une telle rapidité, qu'impossible fut d'y voir autre chose que les deux mameluks, en costume oriental, perchés sur l'avant-train.

Le grand homme était toujours si pressé !

Donc, nos bons municipaux et leurs administrés en furent pour leurs frais d'exhibition et de guirlandes. Seulement, leur amour-propre un peu mystifié, se promit, le cas échéant, d'avoir sa revanche.

Lors du passage de Sa Majesté l'Impératrice Joséphine (27 août 1809), on dépensa tout juste un *napoléon*, vingt francs « pour grèver la rue [1]. »

L'honneur était sauf !

Encore curé de Chouilly à cette époque, l'abbé de La Pierre eut l'affliction de perdre la vue, le 12 février 1810.

Incapable désormais d'exercer ses fonctions, il se retira d'abord chez M. Combet de La Reine, curé-doyen d'Epernay, puis à Reims, sur la paroisse Saint-Maurice, où s'écoulèrent assez tristement les dernières années de sa vie.

L'héritier de son poste, l'abbé Henry, sortait du département de l'Aisne, et si pauvre, qu'une subvention de 137 francs, votée d'urgence par la commune, servit à couvrir les frais de transport de son humble mobilier. Sa pénurie, du reste, n'avait d'égale que sa vertu. Il succomba de mort subite dans la soirée du premier jour d'octobre 1813.

Le seul acte qui marquât son trop court ministère à Chouilly, fut l'acquisition, en 1811, d'une seconde cloche d'environ 512 kilogrammes, et coû-

---

[1] *Registre des délibérations.* — Arch. commun.

tant 2,600 francs, pour remplacer celle que la République avait transformée en foudres de guerre.

En rappelant inopinément à lui ce digne prêtre, Dieu lui épargnait le douloureux spectacle de la patrie foulée par l'étranger en armes.

L'heure des grands désastres a sonné. Un million de combattants s'apprêtent à frapper ce colosse impérial déjà affaibli par deux années de terribles revers. Ainsi va s'ouvrir l'année 1814. En quelques semaines, la Champagne est inondée d'ennemis.

Ce fut le 7 février, au matin, que les 36,000 Prussiens du premier corps de l'armée de Silésie, sous les ordres du général York, traversèrent Chouilly en colonnes serrées et sans s'arrêter. Ils avaient hâte de se faire battre à Montmirail. L'avant-garde du général Katzler, qui les précédait, ayant surpris, au détour d'une ruelle, un traîneur du corps de Macdonald passé la veille, lui ouvrit la tête d'un coup de lance.

Bientôt le grondement de la canonnade de Champaubert (10 février), apprit à la population consternée, que le théâtre de la guerre se rapprochait.

Alliés et Français se succédèrent vingt fois dans leurs marches et contre-marches.

L'un des bivouacs les plus désastreux fut celui de 45,000 Bavarois et Prussiens, campés à l'ouest du village. Un fois les provisions de bois épuisées, les soldats, pour alimenter leurs feux, enlevèrent indistinctement les échalas des vignes, les meubles et jusqu'aux portes des maisons. Les ormes qui bordaient la route et le contour de la place, n'eurent pas un meilleur sort.

On conçoit après cela que le pillage, le vol et les autres désordres que traîne à sa suite le fléau de la guerre, n'aient point été épargnés à la commune de Chouilly.

L'invasion de 1815 ne lui fut guère moins funeste.

Outre les approvisionnements de places fortes, livrés en avril pour une valeur de 3,150 francs, les habitants eurent à subir en réquisitions de toutes sortes, destinées au camp de Vertus, une perte dont le minimum atteint 13,964 francs 37 centimes [1]. Sacrifices énormes, à la veille d'une effroyable disette.

---

[1] Ce chiffre, mis sous les yeux de la commission départementale, en 1816, paraîtra bien modéré, si l'on songe que le boisseau de blé y est évalué 3 fr.; celui de seigle, 2 fr.; d'avoine, 1 fr.; le cent de foin, 25 fr.; de paille, 10 fr.; un mouton, 7 fr.; une vache, 80 fr.

Ce qu'était devenu, depuis le mois de juillet 1814, le curé de Chouilly, Affort-Rivierre, nul ne le savait. A tort ou à raison, ses paroissiens supposèrent que, trouvant les Cosaques de son goût, il aurait eu la singulière fantaisie de les aller rejoindre au pays des Tartares.

Quoi qu'il en soit de ce mystérieux départ, il eut, en novembre suivant, pour successeur, M. l'abbé Lundy, qui, après une année de résidence, fut chargé des paroisses de Thillois et de Caurel, puis de l'Hôtel-Dieu de Reims, comme chapelain, en attendant que des lettres de chanoine honoraire de la métropole vinssent récompenser son mérite.

L'intérim de trois mois fut rempli par M. Laurent, curé de Plivot.

Un enfant de Louvois, précédemment curé de Courgivaux, M. l'abbé Siméon Pamelle, fut appelé, en mars 1816, à recueillir l'héritage spirituel de M. Lundy.

Il arrivait dans des conjonctures peu favorables. L'éducation républicaine de 93 produisait ses fruits, et l'on sait qu'elle n'avait pas eu précisément pour objet de fournir de bons chrétiens à la patrie. L'absence d'habitudes religieuses éloignait les gens de l'église, et leur faisait trop souvent préférer à la célébration de l'office divin, la licence tumultueuse de la rue ou les orgies du cabaret.

S'inspirant de l'esprit de la loi du 18 novembre 1814, les sages édiles prirent un arrêté en vertu duquel, « à partir du dimanche 19 mai de la présente année 1816, garde serait faite, comme par le passé, durant la messe et les vêpres, par deux hommes âgés d'au moins vingt ans ; et tout contrevenant aux ordonnances de police serait traduit pour être jugé selon la loi. »

Le nouveau curé fit mieux encore. Il sut compatir à toutes les misères, soulager autant qu'il se pouvait la détresse des indigents, et supporter comme eux les cruelles étreintes de la faim, avec ce calme, cette résignation que la foi seule peut donner.

CHAPITRE XXI.

1816-1865.

M. Moët, maire de Chouilly. — Refonte de la petite cloche. — Passage de Charles X, en 1828, — de Louis-Philippe, en 1831. — Choléra de 1832. — M. Legris succède à M. Pamelle. — La duchesse d'Orléans complimentée. — M. Legris fait place à M. Delanerie. — Ce dernier à M. Oudiette. — Révolution de 1848. — Choléra de 1849. — M. Oudiette se retire. — Installation d'un successeur. — Libéralités de Mme Moët-Romont. — Choléra de 1854. — Derniers faits.

Pour tirer la France de l'abîme où elle sombrait, ce n'était pas trop du concours de toutes les volontés et de l'apaisement des passions politiques.

Le coryphée de l'industrie vinicole en Champagne, le digne maire d'Epernay, le favori du grand Empereur déchu, M. Jean-Remy Moët, crut encore servir utilement son pays en se ralliant à la dynastie des Bourbons. Le 19 septembre 1817, il acceptait les fonctions de maire de Chouilly, et prononçait le serment exigé.

Si les affaires communales sont en désarroi, les bâtiments mal entretenus, la caisse obérée, quelques années d'une sage et intelligente administration suffiront au nouveau maire pour remettre toutes choses sur le meilleur pied.

Déjà ses premiers actes portent ce cachet de bienfaisance, devenue traditionnelle parmi ses descendants.

Le jour de la Fête-Dieu 1818, un reposoir dont les décors composaient toute la fortune de la veuve Hurpez, prit feu en pleine rue, et fut totalement consumé. Par sa lettre du 3 juin, M. Moët se hâte d'intéresser le bureau des incendiés en faveur d'une femme « que son indigence et sa piété rendent également recommandable ». Sa propre générosité fit le reste.

Une réminiscence des Cosaques se présente l'année suivante, 1819.

Le sieur Bonnesky, d'Epernay, employé comme trucheman ou interprète public à Chouilly, réclame le salaire de ses journées, du 5 juillet au 5 novembre 1815. Mais, attendu qu'il a été « nourri et défrayé de toute manière » durant ces quatre mois, l'honnête pétitionnaire veut bien se contenter d'une modique « allocation de 30 francs ! »

Il en coûte plus cher de rompre ses cloches. La

commune de Chouilly ne l'ignore pas ; et vraiment, c'est justice de constater que sous ce rapport elle a toujours joué de malheur.

« Le 10 mai 1822, sur le vœu des habitants de soumettre la seconde cloche cassée à une refonte, le conseil estime qu'il y a lieu d'accéder à ce désir, afin de faire accorder cette cloche avec la première. »

L'inscription qu'elle porte redit les circonstances de cette opération :

« Bénite par M. Pamelle dess^t et nommée MARIE-ÉMÉLIE, par M. Jean-Remy Moët, maire de la commune, chevalier de l'ordre royal de la Légion-d'Honneur, négoc^t propriétaire, et par Mme Marie-Émélie Rossignon, son épouse, demeurant à Epernay. Alexis Vallois, adjoint. Fondue à Châlons, en août 1822, par Cochois le jeune, pour la commune de Chouilly. »

Elle pèse 450 kilogrammes et nécessita une dépense de 680 francs. La cérémonie de la bénédiction, accomplie au mois d'octobre, offrit au riche parrain l'occasion de nouvelles largesses.

Grâce à la précocité phénoménale de 1822, toutes les céréales étaient rentrées avant le premier juillet, six semaines plus tôt qu'en temps ordinaire. Les vendanges, commencées le 27 août, donnèrent un vin excellent, mais peu abondant.

C'est en cette même année 1822, que la paroisse de Chouilly fut rattachée à la circonscription du nouveau diocèse de Châlons, auquel allait être donné pour évêque le vaillant capitaine des dragons d'Eylau, Mgr Monyer de Prilly.

En 1826, l'honorable M. Moët démissionna, au grand regret de ses administrés.

« Le 1er septembre 1828, vers trois heures et demie de l'après-midi, la commune de Chouilly a été honorée par le passage de Sa Majesté Charles X.

» Toutes les populations environnantes étaient accourues pour contempler les traits chéris du roi, qui paraissait jouir d'une bonne santé, et qui *a pu être vu de chacun*, particulièrement à l'arc de triomphe[1] élevé près la porte de Jean-Baptiste Hostomme, à l'entrée du village, du côté d'Epernay.

» Il est à regretter que personne ne se soit approché de sa voiture pour lui faire un compliment; car le roi, d'un air enchanté, et saluant le peuple, s'est presque arrêté devant l'arc.

---

[1] Il avait coûté 170 francs. — *Arch. commun.*

» Sa Majesté a traversé au petit pas le village, au milieu d'une affluence d'habitants de tous les pays d'alentour, particulièrement d'Ay. Le maire de cette ville, M. Froc de La Boulaye, conseiller d'Etat, et ses adjoints, le corps municipal et les pompiers, étaient arrivés, musique en tête, dès onze heures du matin. Des symphonies ont été exécutées par cette musique, avant et après le passage du roi, ce qui faisait une véritable fête pour la commune. Chaque habitant reçut ensuite un demi pain et une bouteille de vin. Un bal gratis termina la journée.

» Le 17 septembre, vers neuf heures du matin, S. A. R. Mgr le Dauphin, duc d'Angoulême, qui accompagnait précédemment le roi, repassa seul dans une voiture à six chevaux. Mais en conformité des instructions adressées aux maires, Son Altesse traversa nos rues sans aucun appareil [1]. »

Les barricades de juillet 1830 mirent en fuite cette longue génération de rois.

Le dernier hiver avait sévi avec une rigueur qui rappelait celui de 1789. Il commença le 15 novembre. On appréhendait de sortir, même en plein

[1] Extrait des *Notes* manuscrites que nous devons à l'obligeance de M. Chiquet, maire actuel.

jour, de peur d'être saisi par le froid, accidents qui devinrent assez fréquents.

Le 7 juin 1831, le roi Louis-Philippe, accompagné de ses deux fils, les ducs d'Orléans et de Nemours, passa vers six heures du soir à Chouilly. Il se rendait à Châlons.

Plus favorisé que son cousin et prédécesseur Charles X, ce prince eut les honneurs d'un compliment de la part du maire de Chouilly, M. Etienne Legras. Les pompiers étaient sous les armes.

Quand le fils d'Egalité n'aurait pas eu souvenance alors de son séjour à Chouilly, il ne pouvait du moins, de la place où il stationnait, manquer d'apercevoir le vieux toit de son père. Fortune, voilà de tes coups !

Le choléra de 1832, qui désolait la France et spécialement Epernay et ses environs, fit peu de victimes à Chouilly. Du 4 juin au 26 juillet, cinq personnes seulement succombèrent.

On serait tenté de croire que l'année 1834 eût voulu répéter à Chouilly l'une des plaies pharaoniques de la Bible.

« Les champs et les prairies furent complètement ravagés par d'innombrables légions de sauterelles et de punaises. Sur le dos de ces punaises, — ajoute le consciencieux chroniqueur, — on a remarqué (*mirabile visu !*) des taches qui représentaient à l'œil le nombre 1881[1]. » Avis aux intéressantes géocorises dont les élytres brilleraient d'enjolivures quelque peu symétriques !

Réduit à l'inaction par l'âge et les infirmités, l'abbé Pamelle rendit son âme à Dieu, le 3 décembre 1835, et fut inhumé devant le portail de l'église qu'il avait desservie pendant dix-neuf ans. Mais en 1843, à l'occasion de l'établissement d'un second contre-fort de sûreté, sa dépouille fut transférée au milieu du cimetière, et repose sous le trop modeste monument que la reconnaissance de ses paroissiens lui érigea.

Dès le 1er août 1834, l'abbé Pierre-Louis Legris, natif de Germinon, lui avait été donné pour vicaire administrateur.

Nommé curé de Chouilly à la mort du titulaire, l'abbé Legris demeura encore deux ans, puis redevint, en juillet 1837, vicaire d'Epernay, sous le pastorat du très-digne M. Michel.

---

[1] Notes manuscrites.

Le 28 mai précédent, il avait pu saluer, avec toute la paroisse, le passage de S. A. Hélène de Mecklembourg-Schwerin, de luthérienne mémoire, qui devait épouser, le 1er juin, au palais de Fontainebleau, le prince Ferdinand, duc d'Orléans, fils aîné du roi Louis-Philippe et *héritier présomptif* de la couronne de France.

Le maire, Etienne Legras, fut admis à la complimenter, près la porte de Châlons.

De cruels mécomptes attendaient cette princesse.

Nommé à la desserte de Chouilly, le futur doyen de Sompuis, M. l'abbé Loche, refusa. Ce poste fut alors dévolu à M. Denis Delanerie, qui, cinq années après, passait à Corroy, et était remplacé, au mois d'août 1842, par M. Pierre-Henri Oudiette, fils d'un ancien officier de l'Empire, en retraite à Ville-sur-Tourbe.

Deux grands évènements remplirent le ministère du nouveau curé de Chouilly : la débâcle politique de 1848 et le choléra de 1849.

La disette de 1846 fut comme le préambule fatal de l'émeute qui devait briser une royauté sortie d'une autre émeute. Les vivres devinrent d'une cherté excessive. Le double-décalitre de froment valait dix francs, et les autres denrées à proportion. On faillit même en être tout-à-fait dépourvu. L'irritation naturelle des masses fut si habilement exploitée par la propagande révolutionnaire, qu'à un moment donné, l'explosion se fit, soudaine et irrésistible. En quelques heures, dynastie, trône, institutions, tout fut emporté, et la République de nouveau proclamée.

On sait quel contre-coup produisit cette catastrophe : l'anéantissement du commerce et des affaires n'eut de comparable que l'effervescence des esprits, flattés, abusés. Votes d'urgence, proclamations pompeuses, gardes nationales à grand renfort de musiques et de tambours, plantation d'arbres de la liberté, clubs populaires, comités électoraux, rien ne manqua, pas même les extravagances.

Chouilly eut sa bonne part d'illusions communes et de tapageuses démonstrations [1].

Il eut également sa panique, le 29 juin, lorsque le bruit se répandit que, refoulés de la capitale, les

---

[1] On cite le fait d'un chaud patriote, qui interrompait bravement son sommeil, pour aller rafraichir la souche agonisante de l'arbre de la liberté :
    « S'il en fut ri et brocardé
    Il n'est jà besoin de le dire. »

insurgés débordaient dans les campagnes, les mettant à feu et à sang, et touchaient presque aux portes d'Epernay.

Tout se calma à la fin, et de tant d'émotions et d'ardeur patriotique dépensées en pure perte, Chouilly ne conserve aujourd'hui que la grosse caisse, les cymbales et le chapeau chinois, qui ornent s'ils n'embarrassent les greniers de la mairie.

Salutaire leçon pour l'avenir !

La terrible épidémie de 1849 se chargea d'en fournir une seconde.

Du 8 septembre au 31 octobre, deux cents personnes furent atteintes de la suette, cent-cinq du choléra, quarante-cinq de la cholérine. Soixante-treize ont succombé ; ce qui, joint aux vingt-cinq autres décès de l'année, forme l'effrayant total de quatre-vingt-dix-huit personnes disparues en moins de dix mois, sur une population de mille vingt-neuf habitants.

Chouilly, au 1er novembre, n'en comptait plus que neuf cent-trente-et-un : il venait d'être littéralement décimé !

Et toutefois, les secours ni les dévouements n'avaient point été épargnés. Le docteur Lachaise, envoyé par le gouvernement pour combattre le fléau, remporta après la lutte l'étoile de la Légion-d'Honneur, pour prix de ses efforts sinon de ses succès, tant la nature du mal avait bravé les remèdes et frappé sans pitié !

Hâtons-nous de dire que la conduite du zélé pasteur du lieu, activement secondé par celui de Plivot, M. l'abbé Joppé, fut au-dessus de tout éloge, et que si les distinctions honorifiques ne vinrent pas depuis briller sur la poitrine de l'un et de l'autre, c'est qu'il est, pour le prêtre catholique, d'autres récompenses que celles d'un monde périssable.

Après de si douloureuses épreuves, la paroisse de Chouilly sentait un vif besoin de recueillir des paroles de consolation de la bouche du premier pasteur du diocèse et de goûter le reconfort de sa paternelle bénédiction.

Cette faveur lui fut accordée le 2 juin 1851.

Laissons le vénérable prélat nous raconter lui-même ses impressions :

« Enfin, dit-il, cette série de visites et de courses pastorales se terminoit à Chouilly, où étoient venues se joindre les paroisses de Plivot et de Oiry. Là il faudroit un volume pour dire tout ce que j'y ai trouvé d'affection, d'honnêteté et de véritable piété. L'église, qui est grande (?), étoit toute pleine d'hommes qui s'y tenoient à rangs très-serrés, le maire en son banc avec toutes les autorités ; sur les flancs et sans que personne en fût gêné, se tenoient la garde nationale et la musique, toujours empressée de paroître la première quand il s'agit de louer Dieu et d'honorer la religion. L'ordre le plus parfait régnoit partout ; on assistoit à l'office avec un grand respect et un profond recueillement ; le bon curé étoit dans le ravissement avec tous les paroissiens. Je ne parle pas de la belle tenue de l'église, des vitraux peints que l'on y voit, etc., etc... Puisse la paroisse de Chouilly persévérer toujours dans ces saintes dispositions, c'est le plus riche trésor que les pères et les mères puissent léguer à leurs enfants [1]. »

Un an après cette mémorable journée, M. l'abbé Oudiette entrait, rue de Sèvres, à Paris, dans la Congrégation des Prêtres de la Mission, fondée par saint Vincent de Paul. Il avait trente-cinq ans et en avait passé dix à Chouilly.

---

[1] Compte-rendu de la visite de cette année 1851. p. 10. — N° 140 de la collection des *Documents épiscopaux*.

Son successeur, nommé le 22 juin 1852, prit possession le même jour et fut installé solennellement, le dimanche 18 juillet, par M. l'abbé Appert, archiprêtre, curé d'Epernay, au milieu du concours et des vœux de toute la paroisse assemblée.

De longue date, une fortune exceptionnelle au service d'un grand cœur, faisait de Mme Moët-Romont, d'Epernay, la bienfaitrice née des habitants de Chouilly. En 1853, sa générosité s'éleva pour eux jusqu'à la magnificence ; le 6 novembre, une école de jeunes filles, construite et meublée à ses frais, était par elle offerte à la commune, au nom de M. Victor Moët-Romont et au sien.

C'était un cadeau de 25,000 francs !

Elle fit plus. Pénétrée de l'insuffisance des allocations budgétaires, en faveur des trois religieuses institutrices, elle s'imposa la charge d'y suppléer, par une série de dons pécuniaires qu'une mort prématurée put seule interrompre. Jusque-là, durant ses longues villégiatures au château de Saran, toujours ingénieuse à se créer ce qu'elle appelait ses *devoirs de paroissienne*, elle ne consentait pas à trouver de plus douces jouissances que dans leur ponctuel accomplissement.

Pour la troisième fois depuis 1832, le choléra reparut à Chouilly dans la première quinzaine de juillet 1854.

A peine l'annonce en fut-elle faite au saint évêque de Châlons, qu'il écrivait à M. le curé, le 23 juillet :

« Si le choléra nous doit mener au ciel, et nous apprendre ce que beaucoup de gens ne savent pas, à bien sanctifier le dimanche, il faut lui tirer des coups de chapeau, et nous réjouir en quelque sorte de sa venue, toujours soumis à la volonté de Dieu, qui fera ce qui lui plaira. Hélas! ce sont nos crimes qui attirent sur nous les châtiments, la guerre, la peste, la famine. J'espère que vos chers paroissiens tireront bon parti de tout ce qui nous arrive. Je prie pour eux et pour vous, mon cher, qui aurez peut-être beaucoup à faire dans ces circonstances difficiles. J'invite les paroissiens de Chouilly, *que j'aime beaucoup*, à ne pas se décourager et à recourir à Dieu.... »

Paroles dont il est permis d'être fier au pays qui en a été l'objet, et qui renferment, dans leur simplicité, la plus haute philosophie de l'histoire des calamités humaines.

Sans avoir été aussi violente que celle de 1849. l'épidémie de 1854 le fut assez pour enlever en deux mois[1] vingt-sept personnes. Avec les douze décès de l'année courante, c'était une nouvelle perte de trente-neuf habitants, compensée par le chiffre de vingt-quatre naissances.

Chouilly pourrait-il oublier la bénédiction, en juillet 1855, de la croix *du Tombeau*, et l'agréable surprise d'une collation servie sur la pelouse du parc, aux six cents personnes qui formaient l'assistance ?

Il y eut bien çà et là quelques plantes éreintées, quelques massifs défigurés, quelques habits, surtout, des porteurs de rafraîchissements en lambeaux; mais n'importe, la journée avait été délicieuse et l'amphytrione contente.

Le lundi 15 juin 1857, après la visite de la paroisse et la confirmation donnée aux enfants, le coadjuteur de Mgr de Prilly, Mgr Bara, se rendit au château de Saran, où l'attendait une hospitalité princière.

A quelque temps de là (3 juin 1860), quand Sa Grandeur, en possession du siége de Châlons, revit

[1] Du 14 juillet au 20 septembre

l'église de Chouilly, la place de Mme Moët était vacante. Elle-même, hélas ! quarante-huit heures après la cérémonie des noces de sa fille unique, était descendue dans la tombe (16 septembre 1858) !

Les larmes de toute une paroisse accourue au service funèbre célébré le 20 septembre, dans l'église de Chouilly, en présence de l'honorable famille en deuil, dirent assez quel tribut de gratitude les habitants entendaient payer à la mémoire de très-bienfaisante et très-regrettée dame Elisa-Rose-Marguerite-Sidonie Cagniard, épouse de M. Victor Moët-Romont.

En complétant par l'érection d'une tribune à l'église (1861), l'œuvre si chrétienne de son excellente mère, Mme Auban-Moët-Romont, saura témoigner, qu'héritière de son nom et de ses biens, elle veut l'être encore de son inépuisable charité.

Les travaux de restauration et d'embellissement exécutés à l'église en ces dernières années ; l'ornementation des autels par voie de souscription volontaire (1857); l'acquisition d'un jeu d'orgues (1861) et d'une horloge publique (1864), les projets de reconstruction du logement de l'instituteur, et de fondation d'une salle d'asile pour les jeunes enfants (1865), prouvent que, sans gros revenus et sans ressources extraordinaires, la commune de Chouilly, animée d'un esprit de concorde qui fait son éloge, ne recule, au besoin, devant aucun sacrifice possible.

CHAPITRE XXII.

Notes statistiques. — Village de Chouilly. — Sa place publique ; — ses rues ; — sa population ; — son territoire. — Détails agricoles et vinicoles. — Caractère des habitants. — Us et coutumes. — Langage. — Objets d'art. — Conclusion.

L'enceinte de remparts qui resserrait le bourg de Chouilly depuis 1576, explique l'agglomération de ses maisons, l'étroitesse de ses rues, la multiplicité de ses impasses et, nous pouvons dire, l'absence de places publiques, à moins qu'on ne veuille qualifier telle l'insignifiant recoin situé au croisement de la rue des Forges et de la grande rue Ménillon. (V. pl. XVIII.) Personne n'ignore que le rond-point, à cheval sur la route d'Epernay, et qui donne accès au village du côté de l'ouest, doit son origine au redressement, en 1744, du « vieux Grand Chemin du Roy. »

Depuis le fatal bivouac de 1814 et l'abattis des ormes qui bordaient cette place, diverses constructions sont venues se grouper de part et d'autre, non sans en avoir déformé le contour primitif, qui était un cercle parfait. (V. pl. XVII.) Elle devait servir aux haltes des troupes de passage.

Chouilly est percé de onze rues et de huit ruelles, non compris cinq culs-de-sac ou impasses, et le chemin de ronde qui remplace les larges fossés de Henry III.

Le recensement officiel de 1861 cite 289 maisons occupées par 327 ménages et 982 habitants.

Bâties pour la plupart en blocailles et carreaux de terre avec crépi à l'extérieur, ces maisons sont couvertes en tuiles plates, rarement en ardoises. La monotonie de leur aspect se rachète, en quelques-unes des plus récentes, par une certaine élégance qui témoigne du bon goût de leurs maîtres ; mais aucune n'est digne de remarque.

39 ménages se composent d'une seule personne ; 85 de 2 ; 99 de 3 ; 50 de 4 ; 19 de 5 ; 14 de 6 ; 21 de 7 et au-dessus.

La population, qui en 1831 était de 1031 habitants ; en 1836, de 1042 ; en 1841, de 1031 ; en 1846, de 1029 ; en 1851, de 977 ; en 1856, de 972. se divise ainsi :

Garçons	191	
Mariés	252	469
Veufs	26	
Filles	205	
Mariées	255	513
Veuves	53	

Total......... 982 habitants.

957 sont nés dans le département ; 17 dans d'autres départements ; 7 en Allemagne ; 1 en Belgique.

	Maisons	Ménages	Individus
La Grande-Rue comprend....	94	110	341
Celle du Chemin d'Avize.....	11	13	48
— de la Barre...............	35	38	97
— du Grès.................	32	35	101
— du Four.................	18	18	57
— Ménillon (Grande).......	13	13	45
— Ménillon (Petite)........	14	15	47
— de la Grande-Fontaine..	9	9	36
— des Forges.............	13	13	35
— du Chemin-de-Fer.....	49	59	161
— dépendance de Saran...	1	4	14

L'agriculture et la viniculture occupent à Chouilly 240 hommes, 225 femmes, 127 garçons, 194 filles, 27 domestiques, 39 employés à l'année.

L'industrie compte : 1 tonnelier, 1 menuisier, 3 maçons, 1 couvreur, 3 cordonniers, 1 perruquier, 1 meunier, 1 boulanger, 1 boucher, 3 aubergistes, 2 cafetiers, 2 charrons, 2 maréchaux, 1 bourrelier, 4 épiciers, 3 marchands de lait, 3 marchands-fruitiers, 1 marchand d'ânes, 1 débitant de tabac, 2 gardes champêtres, 4 lingères, 6 couturières.

Professions libérales, 1 curé, 1 instituteur, 3 religieuses institutrices.

Les vingt dernières années offrent le mouvement de population suivant :

ANNÉES.	NAISSANCES.			DÉCÈS.			MARIAGES
	Garçons	Filles.	Total.	Hommes	Femmes.	Total.	
1845.	9	9	18	13	4	17	9
1846.	17	7	24	16	12	28	8
1847.	9	12	21	8	8	16	15
1848.	15	10	25	23	10	33	18
1849.	15	15	30	69	29	98	13
1850.	13	14	27	11	8	19	6
1851.	20	14	34	14	14	28	13
1852.	15	15	30	9	13	22	13
1853.	18	9	27	12	4	16	14
1854.	13	11	24	27	12	39	9
1855.	19	15	34	11	11	22	11
1856.	17	19	36	10	18	28	11
1857.	17	17	34	11	15	26	8
1858.	12	16	28	8	11	19	13
1859.	12	19	31	18	10	28	7
1860.	11	16	27	5	9	14	7
1861.	11	12	23	11	16	27	10
1862.	13	11	24	10	9	19	9
1863.	9	15	24	7	13	20	5
1864.	16	8	24	12	7	19	15

Une très-belle compagnie de 40 sapeurs-pompiers manœuvre les deux pompes de la commune.

Durant les nuits d'hiver et des vendanges, les rues sont éclairées par 13 réverbères.

Il existait autrefois une tuilerie, à l'ouest du Mont-Saran, en lieudit Rond-Buisson; mais, après quelques années d'essais ruineux, la difficulté de se procurer le bois et les matières premières, a fait abandonner ce genre d'industrie.

Le bureau de bienfaisance de Chouilly a des revenus trop minimes pour faire face à tous les besoins. Il est vrai que la jouissance d'un legs de 6,000 fr., fait par l'une des victimes du choléra de 1854, Mme Victoire-Sophie Perrier, épouse Laurent, augmentera dans la suite le trésor des pauvres. En attendant, cet établissement de charité se borne à distribuer, chaque hiver, des bons de pain pour une centaine de francs, à procurer l'assistance médicale aux plus nécessiteux des chefs de famille, et l'instruction gratuite à une vingtaine de leurs enfants.

En 1862, le rôle des prestations acquittables en nature, s'élevait à 687 journées d'hommes, 312 de chevaux, 15 de mulets, 612 d'ânes, 198 de voitures à deux roues, et 222 de voitures à âne; ce qui donne : 229 hommes imposés, 104 chevaux, 5 mulets, 204 ânes, 66 voitures à deux roues, et 74 voitures à âne.

Le rôle de 1864 porte : 120 chevaux, 2 mulets et 196 ânes. Les uns et les autres proviennent du dehors ; on ne fait point d'élèves au pays.

Il y a en moyenne 325 animaux de l'espèce bovine, 600 de l'espèce ovine, 280 de la race porcine, 45 de la race canine.

Depuis l'aliénation d'une partie de ses vaines pâtures, la commune jouissait d'une rente de 1065 francs servie par l'Etat : la soulte de conversion du 4 et demi en 3 pour cent a réduit ce chiffre d'un dixième. Ce qui reste, ajouté aux 2,000 francs de location des prairies communales, au droit de pêche et de libre parcours, ainsi qu'aux centimes additionnels ordinaires, suffit encore pour couvrir les 7,000 francs du budget annuel, avec un excédant de quelques centaines de francs.

Le territoire de Chouilly touche la Marne l'espace d'un kilomètre. Il est traversé, sur une longueur de 3 kilomètres 57 mètres, par le chemin de fer de l'Est[1], dont le tracé remonte à l'année 1845. Sa su-

[1] Les terrains qu'il occupe ont coûté 36.984 fr. 40 c.

perficie totale est de 1612 hectares 07 ares 90 centiares, ainsi divisés :

Terres labourables...	1075 h.	23 a.	41 c.
Vignes.............	247	31	84
Prés...............	141	82	06
Pâture.............	20	58	78
Sapinières.........	38	25	22
Futaie.............	12	49	62
Jardins............	3	30	38
Vergers............	2	29	96
Friches............	20	50	04
Saussaies..........	1	47	85
Constructions......	6	05	43
Routes et chemins..	23	09	82
Chemin de fer......	8	77	59
Rivière............	8	50	23
Terriers...........	»	88	62
Cendrières.........	1	47	05

Le revenu net imposable au moment du cadastre était de 31,524 fr. 29 centimes.

Les contributions foncière, personnelle-mobilière et des portes et fenêtres, pour l'exercice 1864, s'élevaient à 14,202 fr. 94 cent. Les contributions des patentes, à 626 fr. 91 c.; au total 14,829 fr. 85 cent.

En la même année 1864, on a cultivé à Chouilly :

Froment..............	429 hectares
Seigle..................	57
Orge...................	365
Avoine................	79
Pommes de terre......	2
Prairies naturelles....	141
Prairies artificielles...	110
Vignes...............	247

Les terres labourables valent de 1,200 à 3,500 fr. l'hectare, et se répartissent en trois classes.

Les prés naturels de 1,600 à 3,700 fr. Même classification.

Les vignes, de 1650 à 6,800 fr.

Le sol et le sous-sol sont assez variés. Le premier, sablonneux, gréveux, crayeux, siliceux ; le second, généralement crayeux, quelquefois gréveux, sablonneux (dans la prairie), et tufeux (au Mont-Jogasse).

Année ordinaire, l'hectare de froment produit 12 hectolitres 60 litres de grain, et 17 quintaux métriques de paille.

L'hectare de seigle, 6 hectolitres de grain, et 9 quintaux 60 kilogrammes de paille.

L'hectare d'orge, 12 hectolitres 60 litres de grain et 8 quintaux 40 kilogrammes de paille.

L'hectare d'avoine, 9 hectolitres de grain et 6 quintaux 30 kilogrammes de paille.

Le sol des vignes, formé d'une terre creuse et légère, repose sur le banc de craie. On l'amende avec la terre rougeâtre, sablonneuse ou sulfureuse de la montagne de Saran, préalablement *emmagasinée*, c'est-à-dire disposée par minces couches alternant avec celles de fumier.

Avant leur emploi, les marnes ont besoin d'être soumises à l'action de l'air. Sans cette précaution, elles seraient presque toujours pernicieuses, à raison des substances magnésiennes qu'elles recèlent.

Les 57,750 ceps par hectare de vigne, produisent en moyenne, 16 hectolitres d'un vin très-recherché par le commerce à cause de sa mousse et de sa blancheur; ce qui donne un total de 3,952 hectolitres environ, dans l'étendue du territoire.

En 1852, on n'en récolta que 996 hectolitres à 25 francs. C'était un bien mauvais résultat.

Celui de 1856 fut loin de lui ressembler. La pièce de deux hectolitres s'est vendue 300 fr. Chouilly en livra pour une valeur de 615,000 francs.

Le vin de 1864, quoique de bonne qualité, n'a pu excéder 190 fr. la pièce ; encore en reste-t-il plus de 200 pièces qui n'ont point d'acheteurs au prix réduit de 130 et même 120 fr.

Mais, si l'on excepte la campagne de 1859, qui ne put nous donner à-la-fois Solferino et du bon vin[1], il y a lieu d'observer que les dix dernières ont été des plus favorables pour le vignoble de Chouilly. De là cette aisance qui se traduit par un luxe de toilette, peut-être exagéré, et en tout cas fort coûteux.

Les revers sud de Mont-Aigu et sud-ouest de Saran, particulièrement la colline de Partelaine,[2] à l'est de Bernon, sont les meilleurs crûs du pays.

Les frais de culture par hectare de vigne, sont de 549 fr.[3]

---

[1] Il fut impossible de le vendre plus de 20 fr. l'hectolitre, et seulement pour le débit des cabarets, tant il était acide. L'ironie populaire lui infligea le sobriquet de *vin de Garibaldi*.

[2] L'endroit désigné sous le nom de *Fergonnette* ou de *Potence*, aux abords du fief de Partelaine, pourrait bien avoir été le pilori d'exécution où les seigneurs du lieu faisaient pendre *haut et court* certains de leurs justiciables.

[3] Un vieux ms. de la bibl. d'Epernay nous apprend qu'en l'année 1540, la queue de vin (environ 410 litres.

Elle a pour ennemis naturels, l'escargot, le hanneton, le ver et le gribouré. La pyrale, qui désola si longtemps les cépages d'Ay, n'a point envahi les nôtres.

Les prairies naturelles donnent d'excellent foin. Dès qu'ils n'arrivent pas trop tard en saison, les débordements des rivières de Marne et des Ternaux leur sont utiles.

La populeuse cité d'Epernay offre un débouché facile pour l'écoulement de tous les produits de l'agriculture et de la basse-cour. La plupart des cultivateurs trouvent plus de profit à y faire vendre leur lait, qu'à lo convertir en beurre et en fromage. Le bétail fournit cent-trente veaux à la boucherie. On graisse peu.

Il est regrettable que l'apiculture ne prenne aucun développement à Chouilly, et qu'on n'y compte qu'une soixantaine de paniers d'abeilles : le miel est exquis.

---

valait de 8 à 9 livres, et le blé 8 sols 6 deniers le boisseau, « à sçavoir 60 solz tournoiz le septier. » En 1541, la queue de vin, même prix ; le septier de blé 3^l 15^s. En 1544, la queue de vin, 24^l; le septier de blé, 6^l. Enfin, en 1545, la queue de vin, 15 à 16^l; le blé 6 à 7^s le boisseau, « à sçavoir de 48 à 56 solz le septier. » O tempora !

Habituellement, l'air est pur ; et si l'on n'arrive pas toujours à un âge avancé, cette circonstance, en dehors de beaucoup d'autres, est due moins à l'influence climatérique, qu'à l'absorption abusive de liqueurs alcooliques et de vin blanc, qui débilitent par degrés les nerfs et les muscles, et amènent la paralysie, affection très-commune, et ordinairement fatale, après la seconde ou la troisième attaque. Peu d'habitants se résignent à vaquer à leurs travaux journaliers, sans avoir pris la *goutte* règlementaire. L'apprentissage se fait vite parmi la jeunesse, et c'est un malheur.

Les ravages du choléra ne prouvent rien contre la salubrité du pays ; car, telle localité, réputée malsaine, en sera préservée ; au lieu que d'autres, parfaitement aérées, paieront un large tribut à l'épidémie. Il faut néanmoins convenir que l'entassement des maisons, aussi bien qu'une alimentation défectueuse, paraissent favoriser les atteintes de cette affreuse maladie.

C'est encore par exception que, durant les chaleurs excessives de certaines années, règnent le typhus et la dyssenterie épidémiques, engendrés par les émanations pestilentielles des atterrissements de la rivière. En septembre et octobre de la présente année 1865, les neuf dixièmes de la population furent éprouvés par ces redoutables affections.

Nous croyons rester dans les limites du vrai, en affirmant que la plupart des habitants de Chouilly sont de belle taille, vigoureux, bien faits.

Si, maintenant, de la constitution physique l'on passe à l'appréciation morale, il n'est pas aussi facile de saisir cette variété de nuances qui résultent de l'âge, du sexe et de la condition des individus. Toutefois, nous pouvons dire qu'ils ont en général l'air libre et décidé, le caractère franc, démonstratif et un peu susceptible ; qu'ils sont vifs et pleins d'énergie, observateurs des coutumes quelles qu'elles soient, laborieux jusqu'à l'excès, économes jusqu'à la parcimonie, sauf à devenir, par intervalles, généreux jusqu'à la prodigalité, dès qu'il s'agit d'une fantaisie d'amour-propre ou de la satisfaction d'un plaisir : double mobile qui semble gouverner toute leur existence.

L'élément chrétien tempère, il est vrai, cette ardeur de sensualisme ; mais son empire, on doit aussi le reconnaître, ne tient pas toujours contre l'attrait des fêtes, des soi-disant bals de société, du cabaret surtout, où bon nombre d'hommes passent bruyamment la soirée du dimanche, tandis que les femmes, réunies en petits comités, se livrent, *inter pocula,* à l'exercice du *triomphe* et de l'*écarté*.

Ce que devient la jeunesse abandonnée à elle-même, on le devine ; aussi bien l'esprit de la famille, l'amour du chez soi en souffrent plus que ne le pensent aucuns des habitants de la commune.

On leur doit néanmoins cet éloge, que les travestissements en général, et les désordres de la mascarade, sont choses à peu près inconnues à Chouilly.

En revanche, la cérémonie des noces est l'occasion d'interminables journées de réjouissances. Annoncée la veille par les décharges de la mousqueterie et la remise du bouquet d'honneur, elle est suivie de la course des gants, de celle plus tumultueuse de la poule, et enfin du pâté de l'épousée, sorte de bienvenue des nouveaux époux, consacrée par un banquet offert à tout le voisinage.

La coutume de se réunir, de famille à famille, pour le gâteau des Rois, est presque tombée en désuétude. Il n'en est pas de même du festin de la mort (lisez : de l'*amour*) du cochon. Il faudrait des motifs bien graves pour qu'en pareille circonstance, parents et amis du traitant résistassent aux séductions d'un boudin savoureux ou d'une appétissante grillade.

Le langage suit la marche progressive de l'instruction scolaire. Il n'existe point de patois; ce sont plutôt des formes surannées et quelques locutions vicieuses. C'est ainsi qu'on dira : je *lairrai*, pour : je laisserai. — *Se solliciter*, pour : suffire à ses besoins. — *Resogner*, pour : appréhender. — *Se défuler, se renfuler*, pour : se découvrir, remettre son chapeau. — *Surger* quelqu'un, pour : épier ses démarches. — Il faut *aller en allant :* vivre selon ses moyens.— Une transition trop brusque des ténèbres à la lumière *rend veule*, éblouit. — Après avoir *fiché* les vignes au printemps, il devient nécessaire de *hacher,* c'est-à-dire défîcher les échalas à l'automne. — J'ai grand *deu*, grand' pitié, mot-à-mot : grand deuil. — Il n'est pas agréable de se voir *courté*, c'est-à-dire poursuivi. — C'est le *rez*, la finition d'une chose. — *Drès*, pour : dès le matin. — *Mès* ou *meshui*, pour : désormais. — Et peu, *étou*, pour : un peu, encore, le ετι des Grecs. — C'est un *course*, une maladie épidémique. — Il fait *frisque*, déjà froid.

— Les anciens disaient ma *feigne*, pour : ma foi. — L'expression favorite *allouer*, s'emploie avec aussi peu de succès que les euphonies : *un-z-oiseau, beau-z-et bleu, j'ai-t-été, c'est-honteux*, etc. — *I-z-a rendu très-bié du mal*, pour : la besogne a été rude. — *J'nons*, pour : nous n'avons. — *J'alliens, j'veniens, y venions, il étions*, pour : j'allais, je venais, ils venaient, ils étaient. — On a *cudé* d'un tiers à la vendange, signifie que les espérances du viniculteur ont été dépassées d'un tiers. — Ici a pour corrélatif *ilà*.

Cependant, certaines manières de s'exprimer ne sont pas dépourvues de noblesse et de solennité. — Cet homme a le *verbe haut*, il parle avec autorité. — Etre dans son *pontifical*, signifie qu'on jouit d'une excellente santé ou d'une brillante fortune. — Quelqu'un est-il à sec de finances ? On dit de lui qu'il est comme le crucifix de Saint-Cloud, désargenté. — Ça va *commi comma*, syncope de comme ici, comme *ilà*, comme un peu partout, c'est-à-dire comme à l'ordinaire. Un érudit devant la science duquel chacun s'incline, M. Jules Garinet, de Châlons, nous fait observer que cette locution n'est point particulière aux seuls habitants de Chouilly, et que bon nombre de localités lui donnent droit de bourgeoisie dans leur vocabulaire usuel. Mais il pense, quant à lui, que c'est plutôt une altération de la formule : comme *à Cana,* par allusion au miraculeux vin de l'Évangile. En ce cas, le sens de *commi comma* ou de *comme à camma* serait modifié et voudrait dire : très-bien.

L'antiquaire nous saura gré de lui signaler les quelques objets d'art qui se rencontrent à Chouilly. La liste en sera courte, grâce aux brocanteurs qui sont venus gaspiller ici des christs en ivoire, de fines miniatures, de ravissants tableaux de genre sur cuivre et sur toile, des coffrets en bois de rose, des meubles Louis XIV, des porcelaines Louis XVI, des poteries de Rouen, des incunables, etc., que la dispersion des maisons religieuses d'Argensolles, Avenay, Epernay, en 1792, avait introduits dans le mobilier de plusieurs familles de cette commune.

La planche XXVII représente l'un des panneaux sculptés d'un bahut du xvie siècle, que l'incurie de ses derniers maîtres n'a pas su conserver.

La figure suivante (V. pl. XXVIII), est un plat émaillé, attribué à l'illustre « inventeur des rustiques Figulines du Roy (Charles IX), et de la Royne

(Catherine de Médicis) sa mère [1]. » Cette belle faïence, de la seconde moitié du xvie siècle, porte en demi-relief le baptême de J.-C. par saint Jean-Baptiste, en présence des anges.

Un objet non moins digne d'intérêt est un émail ovale, signé : « Laudin, au faux bourgs de Magnine, à Limoges (V. pl. XXIX). » L'inscription, suivie des initiales I. L., ne nous dit pas s'il s'agit de Jean Laudin, né en 1616 et mort en 1688 ; ou bien de Joseph Laudin, né en 1667 et mort à Limoges en 1727. Le sujet est un saint Augustin écrivant ses œuvres.

Citons encore pour mémoire (V. pl. XXIX, fig. 2) un encensoir en cuivre *repoussé*, et enguirlandé de fleurs de lis et d'anges à perruque, du siècle de Louis XIV ; la grille en fer forgé qui ferme le sanctuaire et provient de la chapelle du couvent d'Argensolles ; une toile mutilée, qui décora, jusqu'en 1793, l'autel de la chapelle castrale, et figure la Sainte-Vierge avec son double attribut d'Immaculée et d'*orante* Mère, nimbée de douze étoiles, le croissant sous les pieds et en contemplation devant l'Enfant Jésus, placé sur ses genoux ; enfin, un au-

[1] Bernard Palissy, né en 1524, vivait encore en 1584.

tographe du littérateur Cazotte, ancien maire de Pierry, aussi célèbre par les prédictions qu'il fit des excès de la Révolution, que par l'inutile dévouement de sa généreuse fille. Cette pièce fait partie de la déclaration des forains, et porte la date du 28 février 1791.

J'ai terminé mon travail.

Le voilà, après bien des délais, tel que la médiocrité de mes moyens l'a fait. Il est temps de le produire au grand jour de la publicité : épreuve périlleuse que je n'eusse jamais osé affronter, si d'encourageantes paroles, qui pour moi sont des ordres, n'eussent triomphé de mes craintes, j'allais dire de mes répugnances.

Le Corps savant auquel j'ai soumis cette *Etude* ne l'a point jugée indigne de ses suffrages : c'est un devoir pour moi d'en reporter le mérite sur tous ceux qui m'ont aidé de leurs conseils, éclairé de leurs lumières, et dont je ne tairai ici les noms que pour ne pas trop affliger leur modestie.

APPENDICE

I

NUMISMATOGRAPHIE

Les monnaies romaines dont nous donnons la description ont été recueillies aux abords de la voie gallo-romanisée, dite la *Vieille-Chaussée,* à Chouilly, sauf les N°s 1er et 2 que renfermait le petit vase des *Pétrosses*.

1° MOYEN-BRONZE.

Avers :
CAESAR. PONTifex. MAXimus. (César, souverain-pontife.) Tête laurée à droite.

Revers :
ROMæ. ET. AVGusto. (A Rome et à l'auguste empereur.) Autel orné entre deux colonnes surmontées chacune d'une Victoire.

2° MOYEN-BRONZE.

Avers :
IMPerator. DIVI. (Cæsaris) Filius. (L'empereur, fils du divin César) — Têtes adossées d'Auguste et d'Agrippa. La tête d'Auguste est tournée à droite ; celle d'Agrippa à gauche, ornée d'une couronne rostrale. Grènetis au pourtour.

Revers :
COLonia. NEMensis. (Colonie de Nîmes.. — Un crocodile

attaché à un palmier par une chaîne qui répond à un collier dont son cou est serré. Il est tourné à gauche. Deux palmes accessoires accompagnent la palme principale, qui est ornée de bandelettes attachant une couronne de feuillage.

3° MOYEN-BRONZE.

Avers :

IMPerator. NERO. CAESAR. AVGustus. Pontifex. MAXimus. TRibunitiâ. Potestate. Pater. Patriæ. (L'empereur Néron-César-Auguste, souverain-pontife, jouissant de la puissance tribunitienne, et père de la patrie.) — Tête laurée à gauche.

Revers :

Dans le champ, Senatûs. Consulto. (Par autorité du Sénat.) — Toutes les monnaies de bronze du Haut-Empire portent ces deux initiales. — Victoire ailée à gauche, tenant de la main droite un bouclier.

Cette pièce est très-commune, et on la trouve souvent fort belle. Le Sénat y fit graver une Victoire ailée, en mémoire de la conquête de l'Arménie, par Corbulon, en l'an 58 de J.-C.

4° MOYEN-BRONZE.

Il est de Titus, fils de Vespasien. L'inscription est fruste.

5° GRAND-BRONZE.

Avers :

IMPerator. TRajanus. (L'empereur Trajan.) — Le reste de la légende est fruste. — Tête laurée à droite.

Revers :

Senatus. Populus. Que. Romanus. OPTIMO. PRINCIPI. (Le Sénat et le peuple romain à leur excellent prince.) L'empereur sur un cheval lancé au galop, et foulant aux pieds un ennemi terrassé.

6° GRAND-BRONZE.

Avers :

IMPerator HADRIanus. (L'empereur Hadrien.) — Le reste de la légende est fruste. — Tête laurée à droite.

Revers :

LIBERALITAS. AVGusto. COnSule III°. (La libéralité à Auguste, consul pour la troisième fois.) — Dans le champ, Senatûs. Consulto.

L'empereur Hadrien assis sur une estrade; devant lui, la Libéralité, debout, fait une largesse à un homme également debout près de l'estrade, et qui tend les mains.

7° GRAND-BRONZE.

Avers :

DIVVS. ANTONINVS. (Le divin Antonin.) — Tête nue à droite.

Revers :

Dans le champ, S. C. — Colonne surmontée de l'empereur Antonin, la main gauche appuyée sur une haste, et tenant de la droite un Pégase.

Légende : DIVO. PIO. (Au divin Pius.)

Cette médaille a pour objet de rappeler l'érection, à Rome, de la colonne dite Antonine, par Marc-Aurèle, en l'honneur d'Antonin-le-Pieux, son beau-père. Ce monument subsiste encore, sauf le groupe impérial, remplacé depuis par la statue de l'apôtre saint Paul.

8° BILLON (BAS ARGENT).

Avers :

SEVERVS. PIVS. AVGustus. (Sévère-Pieux-Auguste.) — Tête laurée à droite.

Revers :

INDVLGENTIA. AVGG. (Augustorum.) — A l'exergue : IN. CARTHaginienses. (L'indulgence des empereurs à l'égard des Carthaginois.) — La déesse Cybèle, la tête tourelée, assise sur un lion courant à droite. Elle tient un foudre d'une main et un sceptre de l'autre. — La légende explique cette monnaie, qui a un caractère historique.

9° ARGENT.

Avers :

Marcus. AVRelius. ANTONinus. CAESar. PONTIFex. (Marc-Aurèle-Antonin César, pontife.) — C'est Caracalla, fils de Septime-Sévère et de Julia Domna. — Son buste, jeune, nu, à droite, avec le *paludamentum*.

Revers :

DESTINATO. IMPERATore. — Un *lituus* ou bâton d'augure, un bonnet de flamine, un crâne de bœuf et un *simpulum*.

Il est à regretter que cette pièce ne soit pas mieux conservée ; car elle est très-intéressante et rappelle le choix du fils aîné de Septime-Sévère pour le *sacerdos solis*.

10° MOYEN-BRONZE.

Avers :

IMPerator. CONSTANTINVS. PIus. AVGustus. (L'empereur Constantin-Pieux-Auguste.) — Tête laurée à droite.

Revers :

SOLI. INVICTO. COMITI. (Au soleil, invincible compagnon.) — Le soleil personnifié, debout, la tête nimbée de sept rayons. — Pièce très-commune.

11° PETIT-BRONZE.

Avers :

CONSTANTINVS. AVGustus. (Le même que le précédent.) Tête laurée à droite.

Revers :

SARMATIA. DEVICTA. (Défaite de la Sarmatie, aujourd'hui la Pologne.) — Victoire casquée, tenant de la main droite un trophée, et de la gauche une palme ; près d'elle, un captif assis. — Grènetis de chaque face.

12° PETIT-BRONZE.

Avers :

CONSTANTINVS. PIVS AVGustus. (Le même que les deux précédents.) — Tête rosée à droite.

Revers :

GLORIA. EXERCITVS. (La gloire de l'armée.) — Deux guerriers en cottes d'armes et casqués, tenant d'une main une épée fichée en terre, de l'autre une haste, et séparés par deux enseignes.

A l'exergue : TR*S. (Trevirensis), atelier monétaire de Trèves. — Grènetis d'une seule face.

II

1° Donation faite à l'Ordre des Templiers, par Guy et Odon de Choeli (1190). — *Arch. de la Marne.*

In nomine sancte et individuo Trinitatis. Notum sit omnibus tam futuris quam presentibus, quod nos fratres Guido et Odo de Choeli, benigno assensu Hugonis fratris nostri, intuitu Dei, pro remedio animarum nostrarum et parentum et antecessorum nostrorum, fratribus militie domus Templi LX^{ta} solidos in theloneo de Espernaio singulis annis libere et absque calumpnia tradidimus in perpetuum habendos, assensu Henrici Trec. Comitis palatini interveniente, in cujus theloneo de Esparnaio prelibati LX^{ta} solidi ex XIII^{cim} libris quas ibidem recipiebamus persolvi censentur. Quorum prememoratorum LX^{ta} solidorum annuatim medietas in pascha D^{ni}, residuum in festo beati Remigii tenetur persolvendum. Hoc autem ut notum permaneat ac ratum habeatur, sigillo jam dicti Henrici Tr. Comitis palatini, et sigillo supradicti fratris nostri Hugonis id volumus confirmari. Actum in obsidione Aconis anno

M° C LXXXX^mo per manus fratris Amionis de Ais, domus
Templi senescalli, fratris Gerberti ejusdem domus magni
preceptoris, fratris Rorici, fratris Erchaudi, testibus Guidone de Dunnipetra, Guidone de Chastellione, Guidone de
Germinone. Nota Radulfi.

<small>2º Donation faite à l'Ordre des Templiers, par Hugo de Choeli (1191). — *Ibid.*</small>

R. D[i] gra Cathalaunensis electus, omnibus ad quos littere
iste pervenerint in D^no salutem. Noverint universi quod
Hugo Cholet. in nostra presentia constitutus, quidquid
possidet et quocumque titulo, in terris scilicet, molendinis,
domibus, virgutis, vineis, censibus, redditibus et mobilibus, de assensu et voluntate Hersendis uxoris sue, pro
remedio anime sue, Templariis in elemosinam dedit et
perpetuo possidendum concessit ; et hoc in manu nostra
utraque fide interposita firmavit, hac siquidem conditione
quod ipsi omnia que Templariis dederunt, quandiu vixerint
tenebunt, et pro investitura Templariis facta et recognitione pro domibus scilicet, cameris, mansionibus, terris
ubicumque sint, V solidos pro molendino ad bladum, et
minam frumenti pro molendino fullario, sex denarios pro
vineis, dimidium modium vini in tempore vindemiarum
et in festo sancti Remigii eisdem Templariis annuatim
reddere tenebuntur. Cum autem alterutrum mori contigerit.
ei Templarii succedént, partem ejus, medietatem scilicet,
integre et pacifice possidentes. Alter vero qui supervixerit
partem dimidiam redditus annui pro investitura et recognitione Templariis constituti, dictis Templariis reddet annuatim terminis constitutis Post decessum autem ejus
qui supervixerit, universa que possederat ad Templarios
revertentur, et ea quiete et pacifice possidebunt. Ne igitur

aliqua molestia vel injuria super dono predicti Hugonis memoratis Templariis deinceps possit inferri, cum ea que idem Hugo possidet de nostro sint feodo, donum ejus ratum haberi volentes, laudamus et concedimus, et tam scripto quam sigillo nostro confirmamus sub testimonio Johannis abbatis omnium Sanctorum in insula Cathalauni, Johannis abbatis Sancti Memmii, Milonis capellani nostri, Guillelmi de Mitreio, Iterii de Braio, Girardi de Pruvino, Johannis de Fesnariis, Hugonis de Cole, Girardi de Jartfardelli, fratris Guidonis Escoflel, fratris Gilonis de Loreio. fratris Milonis capellani, Tobaldi prepositi Cathalauni, Petri prepositi de Serreio — Actum anno gre M C nonagesimo primo, VIII kalendis Aprilis. Data per manum Mathei, archidiaconi et cancellarii nostri.

3o Transaction au sujet de la succession de Hugo de Choeli, entre ses héritiers naturels d'une part, et l'Ordre des Templiers de l'autre (1210). — *Cote* 1. 35 *l*.

Girardus Dei gra Cathalaunensis episcopus. Omnibus ad quos littere iste pervenerint in D^{no} salutem. Noverit universitas vestra quod cum causa verteretur inter Girardum Magnum militem et Hugonem presbyterum et fratres ejus ex una parte, et fratres militie Templi, ex altera supra hereditate Hugonis Cholet. militis et eis que acquisierat que omnia dictus H. miles in elemosinam Templo legaverat, tandem supra hoc a partibus in arbitrio fuit compromissum qui de assensu partium per legitimam inquisitionem, per arbitrium pertulerunt. Quod dictus H. terciam partem hereditatis sue et omnia que acquisierat legare posset, et ita tercia pars hereditatis dicti H. et omnia que acquisierat pro elemosina Templo fuerit adjudicata. salva dote uxoris dicti H. militis que tamen post mortem ipsius mulieris ad dictos heredes et Templum revertetur. Dicti vero fratres militie Templi terciam partem dicte hereditatis que Girardus Magnus post mortem dicti H. militis contingebat, ab ipso H. precio viginti librarum laudantibus dicto H. presbytero et fratribus ejus secundum consuetudinem civitatis comparaverunt. Reliquii vero tercia pars dicte hereditatis ad dictum H. presbyterum et fratres ejus post mortem sepefati H. militis eorum avunculi libere reverteretur. Quod ut ratum et firmum in posterum habeatur presentem cartam appositione sigilli nostri confirmavimus. Actum anno ab incarnatione D^{ni} millesimo ducentesimo decimo.

4° Donation par la comtesse Blanche des biens qu'elle possédait à Choolly (1224). *Ms collationné par B. du Rocheret*. — Bibl. d'Epernay.

Ego Blancha comitissa Trecensis palatina. Notum facio p$\widetilde{n}$tibus et futuris quod cum locum de Argenseolis cum suis pertinenciis tam in bosco quam in plano adquisissem ab dilecto in X° abbate et conventu de Altovillari, laude et assensu venerabilium scilicet patrum Willelmi scilicet Rhemensis arch$\widetilde{e}$pi et Jacobi Suessionis $\widetilde{e}$pi in cujus diocesi idem locus esse dignoscitur. Donavi illum D^{ne} Ide abatisse de monialibus ibidem institutis et sub ordine cisterciensi Dei servicio nuncupatis in perpetuam elemosinam tam pro salute anime mee quam charissimi filii mei Theobaldi Campanie et Brie Comitis palatini, quam etiam bone memorie viri mei Theobaldi patris ipsius et omnium antecessorum meorum. Preterea ad loci illius amplificationem contuli dictis monialibus in perpetuum titulo elemosine, laude et assensu diocesani episcopi ea que subscripta sunt. videlicet.... undecim falcatas prati apud Choolly quas a Guyoto de Sparnaio comparavi. duas falcatas prati apud Choolly et viginti solidos census, et duos modios vini, et unum sextarium avene que quidem ab Odone de Bria et uxore ipsius legitimo precio comparavi. Vineam que dicitur Vinea Comitis in monte Serrato que quidem quatuor arpenta continet, plantam Barre que continet duo arpenta quam quidem emi a filiabus Barre, plantam Boschet que continet unum arpentum que ab eodem Boschet empta fuit, vineam de Chiefdail que continet tria arpenta quam quidem habui ex legato Milonis Clerici de Virtuto. Quod ut notum permaneat in perpetuum, presentis scripti patrocinio et sigilli nostri authoritate confirmamus. Actum an. M° CC° XXIV°.

5° Donation faite par Milo de Choeli et Renaud, son frère, aux Templiers (1226). — *Arch. de la Marne.*

Magister Prior canonicus et J. de Berteio officialis Remensis. Omnibus presentes litteras inspecturis salutem in D^{no}. Noverint universi quod Dominus Milo de Choeli et Dominus Renaudus frater ejus milites in nostra presentia constituti recognoverunt se in elemosinam contulisse fratribus militie Templi Johannem, Renaudum, Raimondum, Renerum, et Aelidim, liberos Garini Bolengi de Marolio et Odeline quondam uxoris ejusdem Garini quos dicebant dicti milites homines suos esse de corpore, fide interposita promittentes quod in dictis liberis de certo per se vel per alium aliquid non reclamabunt nec facient reclamari; scilicet eisdem fratribus Templi supra his legitimam portabunt garandiam contra omnes viri parare volentes. Promiserunt etiam dicti milites quod dictam elemosinam a D^{no} Roberto de Couciato et a D^{no} Rogero de Roseto et ab ejusdem Rogerii uxore et a Simone quondam filio Cleopas fatient laudari, gratiari et approbari. Promisit etiam dictus miles videlicet Milo sub eadem fide quod dictam elemosinam ab uxore sua fatiet laudari et approbari, et quod fidem dabit corporalem quod ipsam in dicta elemosina nichil ratione dotis ut alia ratione reclamabit. Dicti vero milites totam elemosinam quam Johannes Clericus de Choeli contulit predictis fratribus Templi que movebat de feodo suo benigne et amicabiliter quitaverunt. D^{nus} autem Johannes Cocaus miles de Marolio constitutus est fidejussor a dictis militibus de legitima garandia supra omnibus promissis ferenda. Actum anno D^{ni} M° CC° vicesimo quinto, mense maio.

III

Mandatum Humberti remensis archiepiscopi, contra nonnullos malefactores qui reliquias et capsas ecclesiæ remensis diripuerant. — *(Bibl. Imp. mss. Reims, cart. III, art. Humbert de Viennois.)*

Humbertus Dei gratia patriarcha Alexandrinus, ecclesiæ remensis administrator perpetuus, ac viennensis delphinus antiquior, dilectis officialibus nostris remensibus salutem. Cum nonnulli malefactores sacrilegi..... proditionaliter et invidiose reliquias, sanctuaria, capsas et feretra nostræ remensis ecclesiæ supradictæ cum eorum ornamentis et bonis aliis quæ [circumferebantur] per nostras diœcesim et provinciam ad opus fabricæ dictæ ecclesiæ pro votis, legatis et elemosinis Christi fidelium colligendis ac eorum portitores et quæstores dictæ fabricæ ceperint, rapuerint et depredaverint violenter et eosdem portitores et quæstores nequiter et inhumaniter tractaverint, ipsos quæstores cum aliis supradictis, extra dictas nostras diœcesim et provinciam, et etiam extra regnum Franciæ, hostiliter transferendo, nec non duris et terribilibus carceribus horribiliter mancipando ; dictosque quæstores et portitores seu eorum aliquos, præ nimiis doloribus, angustiis, minarum et pœnarum terroribus perterritos, fame, siti, multiplicibusque penuriis cruciatos miserabiliter et afflictos, se redimere coegerunt, et ipsos magnas pecuniarum summas solvere crudeliter compulerunt ; propter quæ bonis suis, et quod nequius et horribilius est, sunt corporum suorum viribus et sanitate corporis perpetuo, nisi Deus ipsis provideat, destituti, prœmissaque sanctuaria, reliquias, capsas et feretra, cum prædictis bonis aliis, adhuc detineant... prout ex multorum fidelium condolenda quærimonia... et potissime dilectorum nobis in Christo filiorum præpositi, decani, cautoris, ac cœterorum nostræ præfatæ remensis ecclesiæ fratrum, ac prædictorum quæstorum gravi conquæstione percepimus... Quæ sacrilegia tam scelerata, horribilia et ineffabilia non possumus nec debemus sub dissimulationis pallio pertransire.... Hinc est quod vobis et vestrum cuilibet præcipimus et mandamus quatenus contra prœfatos sacrilegos et eorum quemlibet, ac ipsorum complices et in hac parte dantes quomodolibet auxilium, consilium et favorem, procedatis secundum tenorem et formam constitutionum provincialium, et alias prout fuerit rationis ; ipsosque et eorum quemlibet, suis excessibus enormibus et demeritis exigentibus, taliter punientes, quod sanguis eorum de nostris et vestris manibus minime requiratur, et alii de cœtero perpetrare talia pertimescant, et quod ipsis et aliis transeat in exemplum ; reverendos fratres dominos archiepiscopos et episcopos, de quibus vobis expedire videbitur, in juris subsidium requirentes, nec non invocantes, si opus fuerit, auxilium brachii sœcularis. — Datum apud Wincestum prope Parisiis, die XXII mensis junii, anno Domini millesimo CCC° quinquagesimo tertio.

IV

1º Brevet délivré par Henry IV au camp de Chouilly, le 16 août 1592, et nommant pour gouverneur d'Epernay le baron de Vignolles. — (*Bibl. d'Epernay.*)

HENRY, par la grâce de Dieu, Roy de France et de Navarre, à noᵉ amé et féal Bertrand d'Arricault, baron de Vignolles, salut. Ayant remis en noᵉ obeyssance noᵉ ville d'Espernay, que nos ennemys puis naguères avoient occupée, il est besoing de pourvoir à la conservation d'icelle, à ce que nos ennemys ne s'en emparent de rechef, et poͬ cet effect, nous avons advisé de mettre dedans quelque nombre de gens de guerre, avec un bon, vaillant et expérimenté personnage duquel la fidélité et affection à noˢ servir nous soit cogneue et qui ait du courage et de la valleur pour la conserver contre les entreprises que nos ennemys pourroyent dresser dessus; et sachant les qualités susd. estre en vous et que nous ne saurions fͬᵉ meilleur ne plus digne ellection que de vͬᵉ personne; nous vous avons commis, ordonné et députté, commettons, ordonnons et députtons par ces pñtes signées de noᵉ main pour gouverneur de noᵉ ville d'Espernay, y commander poͬ nous servir et aux gens de guerre y établis en garnison, les conduire et exploiter à la guerre, ainsy que verrez bon estre, tant pour la conservation de lad. ville en noᵉ obeyssance que pour incommoder aultant que pourrez nos ennemys des environs, veiller tellement sur les entreprises qu'ils pourroyent dresser dessus que vous les rendriez inutilles et infructueuses, et qu'il n'arrive aulcun inconvénient de lad. place au préjudice de noᵉ service; mander, convoquer, assembler toutes fois et quantes que cognoistrez estre nécessaire les maires et eschevins, manans et hãns de noᵉ ville poͬ leur ordonner et faire entendre ce qu'ils auront à faire pour nous servir et leur propre conservation ; les entretenir en bonne et mutuelle intelligence les ungs avecq les au^{res}, et s'il survenoit quelque différend, le vider aveq plus de justice que pourrez ; ordonner et adviser à la fortification d'icelle, ainsy que le bien de nous servir et lad. conservation le requerra ; faisant vivre lesd. soldats de la garnison avec tant de modestie, qu'on n'ait point d'occasion d'en venir à plaincte devers nous. De ce faire, accomplir et exécuter vous avons donné et donnons plain pouvoir, puissance entière, commission et mandement spĩal. Mandons et commandons à tous qu'il appartiendra qu'à vous en ce faisant ils obeyssent et entendent dilligemment. Car tel est notre plaisir.

Donné au camp de Chouilly le xvie jour d'aoust, l'an de grâce mil cinq cent quatre-vingts douze, et de no^e règne le quatriesme.   HENRY.

Par le Roy :
RUZÉ.

2° Commission au baron de Vignolles de lever des hommes de guerre, datée du camp de Chouilly, le 16 août 1592.

De par le Roy, no^e amé et féal baron de Vignolles, salut. Estant besoing et nécessaire de mettre dans notre ville d'Espernay quelque nombre de gens de cheval, afin d'incommoder nos ennemys des environs et leur faire la guerre, selon que les occasions s'en offriront, pour la levée et conduite desquels nous avons advisé de faire ellection de quelque bon, vaillant et expérimenté personnage à nous seur et féable, et sachant que nous ne sceaurions faire meilleur ne plus digne ellection de vo^e personne. A ces causes nous vous avons commis, députté, commettons et députtons par ces pñtes et po^l lever et mettre incontinent et le plus dilligemment que faire se pourra.... hommes de guerre armés et montés à la légère, des meilleurs, plus vaillants et aguerris soldats que vous pourrez choisir et eslire, et d'iceulx levez les mettre en garnison dans notred. ville, les mener et conduire avecq vous à la guerre pour noe service sans désamparer lad. compagnie où les occasions s'en offriront tant pour la conservation d'icelle que pour incommoder nosd. ennemys, les faisant vivre avecq telle pollice et discipline militaire qu'il ne nous en vienne aulcune plaincte ; de ce faire nous avons donné pouvoir, puissance entière, commission et mandement spĩal. Mandons et commandons à tous qu'il appartiendra qu'à vous en ce faisant soit obéy. Car tel est noe plaisir.

Donné au camp de Chouilly soubz le scel, le xvie jour d'aoust mil cinq cent quatre-vingts douze.

HENRY.

Par le Roy :

RUZÉ.

V

Lettres d'indulgences plénières accordées à perpétuité par N. S. Père le Pape Innocent XII aux Confrères de l'Adoration perpétuelle de N. S. J.-C. dans le Très-Saint-Sacrement, érigée en l'église paroissiale de Saint-Martin de Chouilly, doyenné d'Epernay, diocèse de Reims.

INNOCENT PAPE XII.

Pour servir de mémoire perpétuelle. Ayant appris qu'en l'église paroissiale de Saint-Martin de Chouilly, doyenné d'Epernay, diocèse de Reims, il y a une pieuse et dévote confrérie canoniquement érigée ou à ériger, sous le titre de l'Adoration perpétuelle de N. S. J.-C. dans le Très-Saint-Sacrement de l'Autel, laquelle n'est pas toutefois pour des personnes d'une profession particulière, dont les confrères ont accoutumé de pratiquer plusieurs actions de piété et de charité. Voulant contribuer par le pouvoir que Nous avons reçu de Dieu à l'accroissement de ladite

Confrérie, Nous confiant en la miséricorde de Dieu et en l'autorité des bienheureux Apôtres saint Pierre et saint Paul,

Nous accordons miséricordieusement en Notre Seigneur, à tous les fidèles de l'un et de l'autre sexe qui se feront enregistrer à l'avenir en ladite Confrérie, indulgence plénière et rémission de tous leurs péchés le premier jour auquel ils y entreront, si, après s'être repentis et confessés de leurs péchés, ils communient.

Nous accordons aussi, tant à ceux qui sont déjà enregistrés dans ladite Confrérie qu'à ceux qui s'y feront enregistrer à l'avenir, indulgence plénière et rémission de tous leurs péchés à l'article de la mort de chacun d'eux, si, s'étant repentis de leurs péchés, ils communient; ou si, ne l'ayant pu faire, ils prononcent dévotement de bouche, ou invoquent de cœur le saint nom de Jésus, après avoir au moins fait un acte de contrition.

Nous accordons pareillement indulgence plénière à tous les Confrères de ladite Confrérie, lesquels s'étant véritablement repentis et confessés de leurs péchés, et nourris de la sainte communion, visiteront tous les ans ladite église, le premier dimanche du mois de juillet (qui est le jour de la fête de ladite Confrérie), depuis les premières vêpres jusqu'au soleil couché dudit jour, et là prieront dévotement, pour la paix entre les princes chrétiens, l'extirpation de l'hérésie et l'exaltation de la sainte Eglise notre mère. De plus, Nous remettons sept années et autant de quarantaines de pénitences imposées ou dues en quelque manière que ce soit par lesdits Confrères, lesquels, le jour de Saint-Martin, qui échoit le onzième du mois de novembre, le dimanche de la Quinquagésime, lundi et mardi suivants, après s'être repentis, confessés et communiés, visiteront ladite église.

Et Nous remettons soixante jours desdites pénitences toutes les fois qu'ils assisteront à la messe ou au service divin dans ladite église, et aux assemblées publiques ou particulières de ladite Confrérie, logeront les pauvres, mettront la paix entre les ennemis, ou accompagneront les corps desdits Confrères défunts à la sépulture, ou se trouveront aux processions qui se feront avec la permission de l'Ordinaire, ou accompagneront le Très-Saint-Sacrement, soit dans les processions, soit quand on le porte aux malades, ou dans quelques autres occasions que ce soit, ou étant empêchés, réciteront au son de la cloche une fois *Pater* et *Ave Maria,* ou qui le diront cinq fois pour le repos des Confrères trépassés, ou remettront quelque pécheur dans la voie du salut, ou enseigneront aux ignorants les commandements de Dieu et ce qui regarde le salut des âmes, ou qui feront quelque action de charité et de piété, et ce, autant de fois qu'ils feront lesdites actions ; les présentes valables à perpétuité. Or Nous voulons que si Nous avons accordé autrefois auxdits Confrères qui feraient les choses susdites, quelques autres indulgences pour toujours ou pour un temps qui n'est point encore expiré, les présentes soient nulles ; et que si ladite Confrérie est unie présentement ou à l'avenir, pour quelque raison que ce soit, à quelque Archiconfrérie, les présentes et toutes les autres lettres apostoliques ne leur puissent servir, mais qu'elles soient de nulle valeur. Donné à Rome, à Sainte-Marie-Majeure, sous l'anneau du pêcheur, le deuxième juin mil six cent quatre-vingt-dix-huit, l'année septième de notre Pontificat.

Signé J.-F. CARD. ALBANUS.

Nous, Jean-Baptiste de-Y-de Séraucourt, prêtre docteur en théologie, chanoine et grand archidiacre de l'église métropolitaine de Reims, vicaire général de Monseigneur l'Illustrissime et Révérendissime Charles-Maurice Le Tellier, Archevêque duc de Reims, premier Pair de France, Légat-né du Saint-Siége apostolique, commandeur de l'Ordre du Saint-Esprit, abbé commandataire de l'archimonastère de Saint-Remi de Reims, proviseur de Sorbonne, etc.; après avoir vu et lu avec respect et révérence les présentes lettres d'indulgences accordées par Notre Saint-Père le Pape, Nous les avons approuvées et approuvons, aussi bien que la Confrérie érigée en l'église paroissiale de Saint-Martin de Chouilly, doyenné d'Epernay, diocèse de Reims, sous le titre de l'Adoration perpétuelle de N. S. J.-C. au Saint-Sacrement de l'Autel, permettons que le premier dimanche du mois de juillet de chaque année, le Très-Saint-Sacrement soit exposé publiquement et porté processionnellement dans ladite église, et que l'on fasse en ce même jour l'office solennel du Saint-Sacrement; et afin que les fidèles puissent tirer le fruit spirituel des grâces qui sont accordées par le Saint-Siége, permettons les présentes être imprimées et publiées dans le diocèse. Donné à Reims, le vingt-quatrième jour du mois de décembre mil six cent quatre-vingt-dix-huit.

Signé J.-B. DE-Y-DE SÉRAUCOURT.

Par Monsieur le Vicaire-Général :
DE MARTIGNY.

VI

LISTE DES CURÉS DE CHOUILLY.

1478. Pierre PIGNART, curé en titre.
     Guillaume DU FOUR, chapelain résidant.
1487. Etienne LECLERT, curé en titre.
     Pierre BONNART, chapelain résidant.
1499. Etienne PETIT, curé en titre et résidant.
1523. Guy FLAMIGNON, curé en titre.

Pierre Hostomme, chapelain résidant.
1535. Jean Tripache, curé en titre.
Martin Cuissot, chapelain résidant.
1560. Claude Buart, curé en titre.
Nicolas Perrin, chapelain résidant.
1566. Nicolas Perrin, curé en titre et résidant.
1633. Philebert Charpentier, curé en titre et résidant.
1640 (25 juin)....... Remy de la Coste.
1681 (3 août)........ Estienne Rasse.
1689 (12 février).... Legrand.
 id. (26 mai)....... Frison.
 id. (16 juillet)..... Antoine Wiart.
1694 (11 juin)....... Jean Mouton.
1708 (19 mars)...... Pierre Piétrement.
1740 (15 avril)...... Jean Discours.
1768 (25 février).... Jean-Antoine Gentilhomme.
1774 (25 octobre) ... Jean-François Lethinois.
1778 (28 novembre). Nicolas-Remy Dureteste.
1803 (30 juin) ...... Félix.
1804 (13 septembre). Jean-Baptiste de la Pierre.
1810 (5 octobre) .... Henry.
1813 (15 décembre). Affort-Rivierre.
1814 (13 novembre). Lundy.
1816 (25 mai) ...... Siméon Pamelle.
1836 (15 janvier) ... Pierre-Louis Legris.
1837 (24 juillet)..... Denis Delanerie.
1842 (5 août).. .... Pierre-Henri Oudiette.
1852 (22 juin) ...... Charles-Ernest Barré.

CURÉS CONSTITUTIONNELS.

1791 (5 juin)........ Jean-Baptiste Guérin.
1794, (23 août) 6 fructidor an III, François Fissier.
1796. (26 février) 8 ventôse an IV, Nicolas Simon.

VII

LISTE DES MAIRES ET ADJOINTS DE CHOUILLY

1768. Joseph CHAMPION, procureur fiscal.
1787. Joseph CHAMPION, syndic.
1790 (25 janvier)... Pierre NIVELLE, maire.
  id.   *id.*   Pierre-Louis LAMBERT, procureur.
1791 (14 novembre). Pierre LECLERC. maire.
  id.   *id.*   Claude LECLERC, procureur
1792 (9 décembre).. Edme MOINEAUX, maire.
  id.   *id.*   Remy HUMBERT, procureur.
1793 (21 décembre) 1ᵉʳ nivôse an II, Remy HUMBERT, agent national.
1794 (9 septembre) 23 fructidor an II, Isidore SIRET, maire.
1795 (19 juillet) 1ᵉʳ thermidor an III, Jean-Baptiste NIVELLE, maire.
  id. (4 décembre) 14 frimaire an IV, Alexis VALLOIS, agent municipal.
  id.   *id.*   Adrien ROGÉ, adjoint.
1800 (22 août) 5 fructidor an VIII, Edme MOINEAUX, maire.
  id.   *id.*   Pierre-Louis BOUTON, adjoint.
1804 (10 juillet) 22 messidor an XII, Adrien ROGÉ, maire, en remplacement de Edme MOINEAUX, démissionnaire.
  id. (23 mai) 4 prairial an XII, Jacques HUMBERT, adjoint, en remplacement de Pierre-Louis BOUTON, démissionnaire.
1810 (20 août)...... Pierre-Louis ROGÉ (le jeune), maire, en remplacement de Adrien ROGÉ, démissionnaire.
1815 (19 juin)...... lendemain de Waterloo, Jean-Baptiste LEGRAS, maire.

1815 (19 juin)......		Antoine Lilbert, adjoint.
id. (15 juillet).....		après les Cent-Jours, Pierre-Louis Rogé reprend les fonctions de maire.
id.	id.	Jacques Humbert, adjoint.
1816 (1er janvier)....		Pierre-Louis Lambert, maire provisoire.
id.	id.	Alexis Vallois, adjoint provisoire. (L'un et l'autre sont définitivement nommés le 6 avril suivant.)
1817 (19 septembre).		Jean-Remy Moët, maire, en remplacement de Pierre-Louis Lambert, démissionnaire.
1826 (31 décembre).		Etienne Legras, maire, en remplacement de Jean-Remy Moët, démissionnaire.
id.	id.	André Legras, adjoint.
1840 (23 septembre).		Henri-Alexis Vallois, maire.
id.	id.	Hégésippe Champion, adjoint.
1845 (4 avril).......		Pierre-André Debas, maire.
1849 (novembre)....		Etienne Lilbert, adjoint.
1850 (16 novembre).		Louis-Auguste Vallois, maire.
1857 (30 octobre)...		François-Aimable Chiquet, maire, en remplacement de Louis-Auguste Vallois, démissionnaire.

TABLE DES MATIÈRES.

	PAGES
Avant-propos	vii

CHAPITRE I. — Topographie de Chouilly. — Son territoire. — Son aspect. — Coup-d'œil genéral... 1

CHAPITRE II. — Géologie de Chouilly. — Nature et stratification de ses terrains. — Fossiles. — Alluvions anciennes et récentes 11

CHAPITRE III. — Monuments gaulois à Chouilly. — Cavernes sépulcrales de Saran... 20

CHAPITRE IV. — Suite du précédent. — Haute-Borne ou Menhir. — Dissertation sur l'origine de la Vieille-Chaussée... 43

CHAPITRE V. — Villas gallo-romaine des Pétrosses et gallo-franque de la côte Beert. — Poste militaire et Tombeaux gallo-francs du Mont-Jogasse... 59

CHAPITRE VI. — Origine et commencements de Chouilly. — Etymologie de ce nom. — Château-fort de Chouilly. — Description de son église... 71

CHAPITRE VII. — 1187-1230. — Relations administratives de Chouilly. — Noms et œuvres pies de ses premiers seigneurs... 87

CHAPITRE VIII. — 1312-1373. — Revenus de la cure et patronage de l'église de Chouilly. — Conflit entre le seigneur Jean de Marigny et les religieux d'Hautvillers. — Scandaleux exploits d'un routier de *Choolly* 99

CHAPITRE IX. — 1418-1511. — Misères publiques. — Le château-fort de Chouilly démantelé par les Anglais. — Erection d'une chapelle gothique. — Décimateurs et charges des bénéficiers. — Noms des anciens curés de Chouilly... 109

CHAPITRE X. — 1511-1572. — Droits de la châtellenie d'Epernay sur Chouilly. — Regnault de Bossu, bailli de Vermandois. — Sac du château par les Huguenots, en 1567. — Suite des curés. — Transfert des biens de la maladrerie... 117

TABLE DES MATIÈRES

CHAPITRE XI. — 1576-1592. — Troubles de la Ligue — Concession royale de fermeture en faveur du bourg de Chouilly. — Aliénation du domaine d'Epernay, en 1587. — Droits réservés. — Henry IV à Chouilly....   132

CHAPITRE XII. — 1610-1651. — Nouvelles factions. — Incendie à Chouilly, en 1623. — Ordonnance de dégrèvement. — Cordon sanitaire contre la peste. — Commencement des guerres de la Fronde. — Funestes accidents. — Famille des Brunetot..   141

CHAPITRE XIII. — 1652-1657. — Louis de Brunetot à la tête de la noblesse d'Epernay. — Georges, son fils, dans le camp des Frondeurs. — Les Lorrains à Chouilly. — Manoir des Brunetot dévasté. — Georges amnistié. — Deux notaires royaux en résidence à Chouilly.......   155

CHAPITRE XIV. — 1657-1698. — Biens de la commanderie de Châlons, à Chouilly. — Inondations de 1658. — Quote-part des droits seigneuriaux. — Procès-verbal de visite administrative, en 1672. — Visite archiépiscopale de Mgr Letellier, en 1674. — Georges de Brunetot remplace son frère Charles, à Chouilly, puis se retire au Mesnil. — Remy de la Coste, curé de Chouilly. — Il meurt à Oiry. — Ses successeurs ne font que passer. — Bulle du pape Innocent XII..........................   167

CHAPITRE XV. — 1705-1722. — Suite des seigneurs, en partie. — Alliances illustres. — Nouvel incendie, en 1707. — Départ de Jean Mouton. — Famine de 1709. — Pierre Piétrement, curé. — Fonte de cloches, en 1709 et 1710. — Le dernier des Brunetot se retire. — Procès-verbal de visite administrative. — Tailles de 1715 à 1722. — Observation du contrôleur.......   184

CHAPITRE XVI. — 1722-1778. — Jacques Charuel achète de Mme de Vezilly. — Mort de Pierre Piétrement. — Un religieux carme *dessert* la paroisse. — Jean Discours. — Supplique de Itant de Beaurepaire. — Testament de Jean Milta. — Un mot sur les Collange de Chouilly. — Visite du coadjuteur. — Funérailles de Jean Discours. — Jean-Antoine Gentilhomme, — Jean-François Lethinois, — Nicolas-Remy Dureteste, curés successifs.   200

CHAPITRE XVII. — 1778-1791 — Thomas de Dommangeville, seigneur. — Atlas de ses propriétés. — Sa mort. — Droit de ravage converti. — Dangé Dorçay succède à Mme de Mony — Difficulté au sujet des tailles. — Le duc d'Orléans achète —

	PAGES
Election d'un maire et d'un procureur. — Déclaration des forains. — Le curé Dureteste refuse de prêter le serment civique. — Il est remplacé par le constitutionnel Guérin. — Retour de Varennes. — Fuite du curé Dureteste	214
CHAPITRE XVIII. — 1791-1792. — Fête de la fédération. — Action contre les *ci-devant* seigneurs. — Omission réparée. — Le duc d'Orléans vend sa terre de Chouilly. — La patrie en danger. — Départ en masse pour le camp de Châlons. — Alerte du régiment Walsh-Irlandais. — Enrôlement des volontaires. — Zèle de la municipalité repris. — Garde nationale désarmée. — Inauguration de l'état civil. — Nouveau projet d'instance contre les *ci-devant* seigneurs	230
CHAPITRE XIX. — 1793-1794. — Enthousiasme des volontaires refroidi. — Abolition des signes du *fédéralisme*. — On brûle les titres féodaux. — Guérin cesse les fonctions d'officier d'état civil. — Il se marie. — Fête de la prise de Toulon. — Dépouillement de l'église. — Guérin quitte la paroisse. — Courageux ministère de l'abbé Ludinart. — Sotte dénonciation. — Fête de l'Être-Suprême	243
CHAPITRE XX. — 1795-1816. — Le curé constitutionnel Fissier, suivi du curé constitutionnel Simon. — Rachat du presbytère. — L'abbé Félix, — l'abbé de La Pierre, curés successifs. — Refonte de la cloche. — Passage de l'Empereur en 1806, — de l'Impératrice, en 1809. — L'abbé Henry remplace l'abbé de La Pierre. — Acquisition d'une seconde cloche. — Invasions de 1814 et de 1815. — Disparition du curé Affort-Rivierre. — M. Lundy lui succède. — Il part. — Pénibles débuts de M. Pamelle.......	255
CHAPITRE XXI. — 1816-1865. — M. Moët, maire de Chouilly. — Refonte de la petite cloche. — Passage de Charles X, en 1828. — De Louis-Philippe, en 1831. — Choléra de 1832. — M. Legris succède à M. Pamelle. — La duchesse d'Orléans complimentée. — M. Legris fait place à M. Delanerie. — Ce dernier à M. Oudiette. — Révolution de 1848. — Choléra de 1849. — M. Oudiette se retire. — Installation d'un successeur. — Libéralités de Mme Moët-Romont. — Choléra de 1851. — Derniers faits ..	266
CHAPITRE XXII. — Notes statistiques. — Village de Chouilly. — Sa place publique, — ses rues; — sa population; — son	

territoire. — Détails agricoles et vinicoles. — Caractère des habitants. — Us et coutumes. — Langage. — Objets d'art. — Conclusion...	283
APPENDICE. — I. Numismatographie	303
II. Copie de donations faites à des Ordres religieux par les seigneurs de Chouilly...	307
III. Mandement de l'archevêque Humbert contre le Routier Guiot de Choolly	312
IV. Brevet et commission délivrés par Henry IV au camp de Chouilly..	314
V. Bulle d'Indulgence du pape Innocent XII, en faveur de l'église de Chouilly	316
VI. Liste des curés de Chouilly, depuis 1478	319
VII. Liste des Maires et Adjoints de Chouilly, depuis 1768......	321

SOUSCRIPTEURS

MM.

Alisse-Foucher, négociant à Mareuil.
Amelin, préfet de la Marne.
Anstett, curé de Brugny.
Appert, curé-archiprêtre d'Epernay.
Auban-Moet-Romont, négociant à Epernay.
Ayala (E. de), négociant à Ay.
Balourdet-Baudoin, maçon à Chouilly.
Balourdet-Fleuriet, vigneron à Chouilly
Balourdet-Pienne, vigneron à Chouilly.
Balourdet-Randonnet, vigneron à Chouilly.
Balourdet (Théodore), vigneron à Chouilly.
Bardy-Leclerc, vigneron à Chouilly.
Baril-Champion, cultivateur à Chouilly.
Bauchet-Gobin, vigneron à Chouilly.
Baudoin-Balourdet, vigneron à Chouilly.
Baudoin-Fourny (veuve), vigneronne à Chouilly.
Baudoin (François), conseiller municipal à Chouilly.
Baudoin-Joannès, vigneron à Chouilly.
Baudoin-Legras, vigneron à Chouilly.
Baudoin-Nivelle, vigneron à Chouilly.
Baudoin (Thérèse), institutrice à Reims.
Beaucher, curé de Venteuil.
Bertrand (Alexandre), antiquaire à Paris.
Billecart (Charles), négociant à Mareuil.
Blanchet, curé de Boursault.
Blandin (Eugène), avoué à Epernay.
Boban (Léon), notaire à Epernay.
Boitel, chanoine titulaire à Châlons.
Bothier-Baudoin, aubergiste à Chouilly
Bouché-Billecart, négociant à Mareuil
Bouché-Gayot, négociant à Mareuil.

MM.

Bourre, juge d'instruction à Epernay.
Brazier-Hostomme, vigneron à Chouilly.
Brazier-Oyance, vigneron à Chouilly.
Brissart-Binet, libraire à Reims.
Bruch-Foucher, négociant à Mareuil.
Bruel, docteur en médecine à Epernay.
Brugny-Cornu, vigneron à Chouilly.
Brugny-Pienne, vigneron à Chouilly.
Bruneteau de Sainte-Suzanne (comte de
Buache, maître de pension à Epernay.
Bucquet (Louis-Théodore), à Epernay.
Buffet, curé-archiprêtre de Notre-Dame à Reims.
Carpentier (François), vigneron à Chouilly.
Carpentier-Leclerc, vigneron à Chouilly.
Casanove (Ch. de), négociant à Avize.
Cerf, chanoine honoraire à Reims.
Chalons (bibliothèque de la ville).
Champagne, curé de Saint-André à Reims.
Champion (Alexis), vigneron à Chouilly.
Champion-Lièbe, vigneron à Chouilly.
Champion-Miltat, vigneron à Chouilly.
Chandon de Briailles (Gabriel), à Epernay.
Chandon de Briailles (Paul), à Epernay.
Chanlaire (Mlle S.), à Epernay.
Chanoine (Eugène), négociant à Epernay.
Chausson (Eugène), négociant à Epernay.
Chiquet, maire de Chouilly.
Chiquet, secrétaire de la mairie d'Epernay.
Chiquet Person (veuve), maîtresse de pension à Epernay.
Chochinat-Legras, vigneron à Chouilly.
Choppin, président du tribunal civil à Epernay.
Chouilly, (archives communales).
Clément-Mahuet, vigneron à Chouilly.
Clément (Mlle Vict.), à Epernay.

MM.

Clouet (Alexandre), vigneron à Chouilly.
Clouet (Gabriel), conseiller municipal à Chouilly.
Clouet-Gobin, vigneron à Chouilly.
Clouet-Lesprit (veuve), rentière à Chouilly.
Clouet (Narcisse), vigneron à Chouilly.
Clouet-Vallois (veuve), vigneronne à Chouilly
Clouet (Victor), conseiller municipal à Chouilly.
Clouet (Théodore), vigneron à Chouilly.
Clouet-Verdé, maréchal à Chouilly.
Collard-Humbert, cultivateur à Chouilly.
Colson-Legras, cultivateur à Chouilly.
Coquart-Cornu, conseiller municipal à Chouilly
Coquart-Humbert, cultivateur à Chouilly.
Cordelat, curé de Bouchy.
Cordelat, entrepreneur des prisons à Amiens
Cornu-Champion, vigneron à Chouilly.
Cornu-Clouet, vigneron à Chouilly.
Cornu-Fournier, vigneron à Chouilly.
Cornu-Fourny, vigneron à Chouilly.
Cuiret-Brazier, vigneron à Chouilly.
Daigremont, négociant à Pontfaverger.
Dautry, curé du Mesnil-sur-Oger.
Debas (André), bourrelier à Mareuil.
Debas-Champion, cultivateur à Chouilly.
Debas-Darvogne (veuve), rentière à Chouilly.
Debas (Jean-Baptiste), cultivateur à Chouilly.
Defrance, aumônier du couvent, à Châlons
De Royer, vice-président du Sénat.
Desbordes-Lagasse, à Chouilly.
Desbordes-Leclerc, aubergiste à Chouilly.
Deschamps, vicaire-général à Châlons.
Desgoutes-Balourdet, vigneron à Chouilly
Desgoutes-Rogé, vigneron à Chouilly.
Desgoutes-Vazart, vigneron à Chouilly.

MM.

Deullin (Eugène), banquier à Epernay.
Deust, négociant à Ay.
Drouet, négociant à Mareuil.
Du Boys de Riocourt (comte), à Vitry-la-Ville.
Duminy-Taverne, négociant à Ay.
Duquenelle, antiquaire à Reims.
Dutemple, président du tribunal de commerce d'Epernay.
Edert-Cadot, tailleur à Ay.
Epernay (bibliothèque de la ville).
Felcourt (Camille de), maire d'Orconte.
Fèvre, négociant à Vitry-le-François.
Fiévet (Auguste), libraire à Epernay.
Foucher, maire de Mareuil.
Fournier-Humbert, vigneron à Chouilly.
Fournier (Théodore), vigneron à Chouilly.
Fourny-Clouet, vigneron à Chouilly.
Fourny-Doué, vigneron à Chouilly.
Fourny-Regnaut, vigneron à Chouilly.
Gaillard-Loriot, vigneron à Chouilly.
Galis (Emile), greffier du tribunal à Epernay.
Gallice (Eugène), négociant à Epernay.
Garinet (Jules), à Châlons.
Gayot, agent-voyer d'arrondissement à Epernay.
Genet-Hostomme, vigneron à Chouilly.
George, médecin-vétérinaire à Epernay.
Gillet, bibliothécaire à Châlons.
Gobin-Joannès, vigneron à Chouilly.
Gobin-Lilbert, vigneron à Chouilly.
Godart (Isidore), propriétaire à Epernay.
Goin (L.-Vincent), cultivateur à Chouilly.
Gondrecourt-Robinet, négociant à Ay.
Gossart-Inroy (veuve), à Mareuil.
Gougelet, curé de Saint-Martin-d'Ablois.
Gouilly, curé de Fleury-la-Rivière.

MM.

Gousset (S. Em. le cardinal), archevêque de Reims.
Gravet, propriétaire à Ay.
Hazart-Billy, propriétaire à Ay.
Hazart (Eugène), propriétaire à Ay.
Héquet, employé à Epernay.
Hostomme-Conreux, vigneron à Chouilly.
Hostomme (Denis), veuve, rentière à Chouilly.
Hostomme-Gobin, vigneron à Chouilly.
Hostomme-Lelong, vigneron à Chouilly.
Hostomme-Vallois, cultivateur à Chouilly.
Hostomme-Mériaux, rentier à Chouilly.
Hostomme-Moineaux, cultivateur à Chouilly.
Hubert-Siret, cultivateur à Chouilly.
Humbert (Amédée), cultivateur à Chouilly.
Humbert-Balourdet, vigneron à Chouilly.
Humbert-Gobin, vigneron à Chouilly.
Hurpez (Ernest), cultivateur à Chouilly.
Hutin, curé de Mareuil.
Iansen-Lallement, à Ay.
Irroy (Saturnin), négociant à Mareuil.
Jacob, principal du collége d'Epernay.
Jacquenet, curé de Saint-Jacques à Reims,
Jacquot, adjoint de Mareuil.
Jémot (Gustave), notaire à Epernay.
Joannès-Loriot, vigneron à Chouilly.
Joppé, curé de Plivot,
Journé-Loriot, vigneron à Chouilly.
Laforest, avoué à Epernay.
Lagasse-Vallois, cultivateur à Chouilly.
Lallement-Grilliat, négociant à Chouilly.
Lambert-Humbert, rentier à Chouilly.
Lanson, ancien notaire à Rilly.
Lapoule-Bonenfant, jardinier à Chouilly.
Lapoule-Dumez, vigneron à Chouilly.

MM.

Lapoule-Joannès, vigneron à Chouilly.
Lasson, docteur en médecine à Epernay.
La Tullaye (baron de), à Athis.
Laurent (Léon), cultivateur à Chouilly.
Lebert-Fourquin, horloger à Epernay.
Lecat-Oyance, boulanger à Reims.
Leclerc (Antoine), vigneron à Chouilly.
Leclerc-Drouot, orfèvre à Châlons.
Leclerc-Hostomme (veuve), vigneronne à Chouilly
Leclerc-Legras, vigneron à Chouilly.
Lefebure (Quentin), propriétaire à Ay.
Lefèvre (Mlle C.), maîtresse de pension à Epernay
Legras (Adeline), à Cumières.
Legras-Balourdet (F.), vigneron à Chouilly.
Legras-Balourdet (N.), vigneron à Chouilly
Legras-Carpentier, vigneron à Chouilly.
Legras-Collard, cultivateur à Chouilly.
Legras-Fourny, vigneron à Chouilly.
Legras-Genet, vigneron à Chouilly.
Legras-Hostomme, vigneron à Chouilly
Legras-Joannès, vigneron à Chouilly.
Legras-Lambert, cultivateur à Chouilly.
Legras-Legras (Aug.), vigneron à Chouilly.
Legras-Legras (Jos.), vigneron à Chouilly
Legras-Loriot, vigneron à Chouilly.
Legras, négociant à Reims.
Legras-Vallois, conseiller municipal à Chouilly
Legras (V.-A.), vigneron a Chouilly.
Lelong-Laurent, cantonnier à Chouilly
Lelong-Legras, vigneron à Chouilly.
Lelong-Siret (veuve), rentière à Chouilly.
Lemaitre-Janet, adjoint d'Ay.
Lenepveu, rentier à Epernay
Le Rebours, du clergé de Paris

MM.

Lesecq (René), propriétaire à Mareuil.
Liégeois-Champion, vigneron à Mareuil.
Lilbert-Champion, vigneron à Chouilly.
Lilbert-Moineaux, adjoint de Chouilly.
Loche, notaire à Oiry.
Logerot, curé de Menardes (Yonne).
Loriot-Champion, vigneron à Chouilly.
Loriot (Constant), vigneron à Chouilly.
Loriot-Gobin, vigneron à Chouilly.
Loriot-Journé, vigneron à Chouilly.
Louis-Cornet, avocat à Epernay.
Louis-Maldan, avocat à Epernay.
Louis-Perrier, avocat à Epernay.
Machet-Vaquant, négociant à Epernay.
Macloud-Hostomme (veuve), à Chouilly.
Mahuet-Fourny, vigneron à Chouilly.
Maitre-Roger, cultivateur à Oiry.
Maldan, avoué à Epernay.
Malinet, banquier à Epernay.
Mareuil (comte de), à Ay.
Martin-Roché, bourrelier à Chouilly.
Meignan (S. G. Mgr), évêque de Châlons.
Mellet (comte de), à Chaltrait.
Merlin, procureur impérial à Epernay.
Meunier, ancien sous-préfet d'Epernay.
Meunier, garde-chasse à Saran.
Millet-Duchenne, employé à Ay.
Miltat (Célina), lingère à Chouilly.
Moët-Romont, négociant à Epernay.
Moineaux-Hurpez, cultivateur à Chouilly.
Moineaux (Théotime), employé à Châlons
Montebello (duc de), sénateur.
Mopinot, notaire à Ay.
Moreau (Gustave), maire d'Ay.

MM.

Mortillet (Gabriel de), géologue à Paris.
Mulart, juge de paix de Marson.
Musart, doyen du Chapitre de Châlons.
Neury, curé d'Oger.
Nivelle, conseiller municipal à Chouilly.
Nivelle-Loriot, vigneron à Chouilly.
Nivelle-Rogé, cultivateur à Chouilly.
Nolin, curé de Pierry.
Oudin, maire d'Oiry.
Papelart (Eugène), négociant à Epernay.
Parchappe (général), député au Corps législatif.
Peigné-Delacourt, arch. à Ribecourt.
Pérard, curé de Saint-Loup, à Châlons.
Pergant, agent-voyer d'arrondissement à Vitry
Périn, directeur du Petit-Séminaire à Reims.
Perrier (Charles), député au Corps législatif.
Perrier (Ed.), docteur en médecine à Epernay.
Perrier (Emile), négociant à Châlons.
Perrier (Joseph), ancien maire de Châlons.
Perrier (Paul), négociant à Châlons.
Petitot-Carpentier, cultivateur à Chouilly.
Petitot-Debas, cultivateur à Chouilly.
Petit-Séminaire de Saint-Memmie.
Peuchot, curé de Cramant.
Philippe (colonel), maire de Châlons.
Pienne-Brion, vigneron à Chouilly.
Pienne-Cornu, vigneron à Chouilly.
Pienne (Damase), vigneron à Chouilly.
Pienne-Durant, vigneron à Chouilly.
Pienne-Legras, vigneron à Chouilly.
Pienne-Siret, vigneron à Chouilly
Pilout (Alexis), négociant à Paris
Pinteville (baron de), à Cernon.
Plivot (archives communales

MM.

Plonquet, médecin à Ay.
Prignet, épicier à Chouilly.
Prioux, chanoine titulaire à Reims.
Pron (Raphaël), à Saint-Léger (Aube).
Querry, vicaire-général à Reims.
Rafflin-Journé, maréchal à Chouilly.
Randonnet (Victor), vigneron à Chouilly.
Regnaut (Théodore), vigneron à Chouilly.
Remy, ancien notaire, à Châlons.
Richard, curé de Cheppes.
Robert-Lelong, maçon à Chouilly.
Robinet-Hervois, propriétaire à Ay.
Roché-Brodiez, boulanger à Chouilly.
Roché-Henry, employé à Paris.
Rogé (Adrien), cultivateur à Chouilly.
Rogé-Debas (Aug.), cultivateur à Chouilly.
Rogé-Debas (Vict.), cultivateur à Chouilly.
Rogé (Ernest), cultivateur à Chouilly.
Rogé-Goin (veuve), rentière à Chouilly.
Roger-Boileau, propriétaire à Ay.
Roger-Falaize, cultivateur à Chouilly.
Rouart-Charpentier, à Paris.
Rousseau, docteur en médecine à Epernay.
Saclet (Isidore), veuve, rentière à Chouilly.
Saint-Martin (L. de), cultivateur à Chouilly.
Saint-Martin (Th. de), négociant à Ay.
Salle, docteur en médecine à Châlons.
Salmon-Dehu, propriétaire à Epernay.
Sarot-Nivelle, cultivateur à Chouilly.
Savy, agent-voyer en chef à Châlons.
Simonot (Jules), vannier à Chouilly.
Sévestre, curé de Saint-Thomas à Reims
Siret-Bauchet, vigneron à Chouilly.
Siret-Fourché vigneron à Chouilly.

MM.

SIRET-MOINEAUX, cultivateur à Chouilly
SIRET-VAZART, vigneron à Chouilly.
SOULLIER (O.-M.-l.), à Bordeaux.
THIBAULT, curé de Damery.
THIERCELIN (veuve), négociant à Epernay
TIFFOINET, colonel en retraite à Epernay
TRUBERT-GRILLIAT, propriétaire à Ay.
ULRICH, garde-frein à Strasbourg.
VALLOIS (A.), vigneron à Chouilly.
VALLOIS-DEBAS, conseiller municipal à Chouilly
VALLOIS-DEVILLERS (veuve), à Chouilly.
VALLOIS-FOURNIER, conseiller municipal à Chouilly.
VALLOIS-FOURNY, vigneron à Chouilly.
VALLOIS (Désiré), conseiller municipal à Chouilly
VALLOIS (Adolphe), cultivateur à Chouilly.
VALLOIS-LEGRAS, cultivateur à Chouilly.
VALLOIS-SIRET, vigneron à Chouilly.
VALLOIS-VAZART, vigneron à Chouilly.
VAUTRIN-DELAMOTTE, propriétaire à Ay
VAZART-BOURBON, vigneron à Chouilly.
VAZART-MAHUET, vigneron à Chouilly.
VAZART-ROTHIER, vigneron à Chouilly.
VRAMANT-BOUCHÉ, propriétaire à Ay.
ZRAK (Ernest), vigneron à Chouilly.
ZRAK (Louis), commissionnaire en vins à Chouilly

www.ingramcontent.com/pod-product-compliance
Lightning Source LLC
Chambersburg PA
CBHW050800170426
43202CB00013B/2500